JN103405

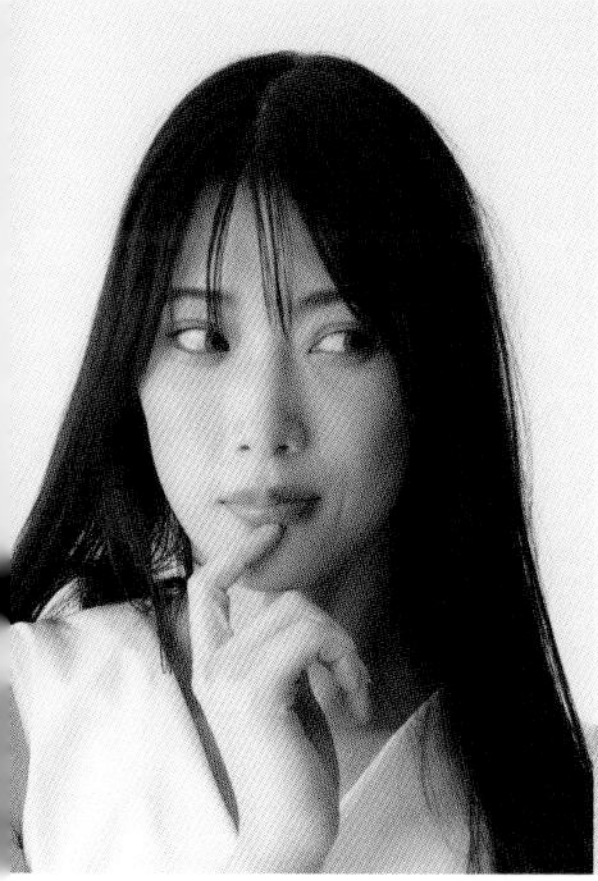

強く、気高く、美しく

赤井沙希

イースト・プレス

CONTENTS

CHAPTER 01

幼少期　大切な家族と父とのこと

CONTENTS

目次

CHAPTER 02

モデル、芸能界デビュー

CHAPTER 03

「プロレスラー赤井沙希」の誕生

CHAPTER 04

DDTプロレスリング所属 赤井沙希です

C O N T E N T S

目次

CHAPTER 05

引退 そして、これからの未来

CHAPTER 01

幼少期
大切な家族と
父とのこと

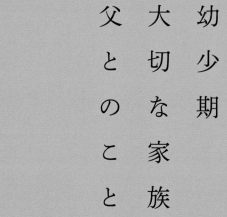

わたしの名前は、赤井沙希。元プロボクサー・赤井英和の娘です。

こんな風に自己紹介をするのが、昔は本当に嫌でした。わたしは父のことをテレビでしか知らないし、なにより自分の力で人生を切り開きたかったんです。でもいま、自分の半生を一冊の本にまとめるにあたり、まずは父のことを話さなければと思いました。父がいなければ、わたしはこの世に生まれていない。これは紛れもない事実ですから。

ふたつの「初」を持つ母

父と母の出会いは、福井県敦賀市にある「イシマルボクシングジム」。母はそこでボクシングトレーナーをしていて、全国のボクシングジムを巡っていた父と出会ったんです。わたしも幼い頃、イシマルボクシングジムにはよく遊びに行きました。若いお兄ちゃんたちが汗をかきながら練習やスパーリングをしている中、サンドバッグにぶら下がったり、腹筋台を滑り台にしたり。汗の匂いと、埃っぽい感じと、革の匂いと、キュッキュッキュッキュッていうボクシングシューズの音と、パンチの音――。それがわたしの原風景というか、あのときの空気はいまでもはっきり覚えています。

母は日本初の女性ボクシングトレーナーでした。それともうひとつ、「初」だったことがあって……地元の大きな暴走族の初の〝レディース〟総長だったんです。

わたしがプロレスラーになってスケバンのキャラクターに扮することになったとき、スケバンが持っているようなペチャンコの鞄を探したけど見つからなくて。母に聞いたら「熱湯をかけてペチャンコにするんだよ」と教えてくれました。ペチャンコにした鞄に母が現役時代に使っていたステッカーを貼ってくれて、持ち手を赤いテープでグルグル巻きにしてくれたんですけど、色によって意味が違うらしいんです。「赤はどういう意味なの？」って聞いたら、「喧嘩上等！」と言われて、「親からこんなことを教わるんだ……」と呆然としました。

それと、わかりやすい凶器を持っていきたいなと思って、竹刀を用意したんです。そうしたら母が「現場に竹刀なんか持っていく人、いないよ」と言うから、「メリケンサックとか?」と聞いたら、どの喧嘩漫画にも描かれていないことを言われたんですよ。「待ち針だよ」って……(笑)。待ち針どこに刺すんやろうと想像するだけでも怖いですよね。

そんなたくましい母と、〝浪花のロッキー〟の間に生まれのが、わたしなんです。

大阪で生まれて、2、3歳のときに、父と母が離婚しました。わたしは母に引き取られて、京都に引っ越すことになりました。母は東京出身なのですが、祖母と姉とわたしを連れて京都に行ったんですよね。

母は京都の祇園で、だれも知り合いがいないにもかかわらず、一から夜の仕事を始めました。周りの人には「絶対、無理だ」と言われたそうです。祇園は厳しい世界だし、母の性格的にも難しいだろうと。母は「ダメなものはダメ」とはっきり言うタイプなので、京都の奥ゆかしさとか、曖昧な部分とか合わないし、接客業の経験もなかったので無理だって言われ続けてきたんですよね。でも結果として、25年、ママとして自分のお店を切り盛りしたんです。祇園で長く商売をするって本当に難しいことだっただろうから、今でも尊敬しています。

わたしが学校から帰ってくると、着物を着て出て行く母とすれ違ったり、母がお化粧をしているところだったり。母が人前に出て、綺麗な空間とか、非日常をプレゼントするお仕事をしていたので、わたしも美しくいることに気を使うのは当たり前に育ちました。「美意識が高い」とよく言われるんですけど、とくに意識しているつもりはないんですよ。

めちゃめちゃ甘えん坊で、お母さん大好きっ子だったので、母が夜、家にいないのはすごく寂しかったです。「行かないで！」って泣いて母の足にしがみついたことがあって、母は可哀想だから仕事を休もうかと思ってくれたらしいんですけど、ここで休んだら「泣けばどうにかなる」と思うようになってしまったら、この子のためにならないと思って、バッとわたしの手を振り払ったんです。そうしたらわたしの肩が脱臼してしまい……。

でも母はボクシングのトレーナーだったから、その場で治してもらいました。

物心つく頃には、母が家にいないのが当たり前になっていたので、話したいことは寝る前に手紙を書いて、母の枕元に置いていました。お姉ちゃんにいじめられたとか、学校でこういうことがあったとか、怒られそうなことを先に自分の言葉で伝えたりとか、本来ならお夕飯のときにするような話を書いていたと思います。母もちゃんと返事をくれたので、読んでから学校に行ったりしていました。

顔は似ているけれど、性格が真逆の姉

姉はわたしの二つ上で、性格が全然違います。繊細で、ちょっと神経質で、精神的に弱いです。わたしも細かいところは細かいけど、大体はざっくりで、ガサツなところもあるし、実は精神が強いんですよね。本当に真逆です。

父と母が離婚したとき、わたしは幼かったのでまったく覚えていないんですが、姉はうっすら記憶があるらしいんです。母の悲しんでいる姿を見て、子供なりに悩んでいたのか、ストレスで円形脱毛症になったり。姉はわたしよりも、父に対する感情が強いと思います。

小さい頃って、二つ上のお姉ちゃんが持っているものが全部かっこよく見えるんですよね。だから姉の持っているものに触ったりしたら、「沙希が触るとぐちゃぐちゃになる」ってすごく怒られました。母が家にいなかったので、お留守番中によく取っ組み合いの喧嘩をしましたね。正直、仲はあまり良くなかったと思います。

プロレスラーになってからは、京都大会があると観に来てくれて、大石真翔さんが「赤井が客席に座ってたんだけど！」って言うんですよ。「お姉ちゃんだと思います」と言ったら、「顔似てるけど、俺はお姉ちゃんのほうが好きだわ」とか言われてムカつきました。その一言、いります？　まあ、べつにいいんですけど。大鷲透さんも「お姉さん、めっちゃ素敵。綺麗だね」と言ってくれます。

洋服をシェアしていた、カッコいい祖母

母も綺麗だなと思っているんですけど、めちゃめちゃ綺麗なのは祖母。わたしの家族で一番初めに「ヌーブラ」に手を出したのは祖母。60歳くらいのとき、背中が開いた服を着るために買ったんです。ホルターネックの服を着て、白いパンツにスニーカー。かっこよかったですね。

ＤＩＥＳＥＬに一番初めに手を出したのも、祖母です。東京に遊びに来たとき、一緒に銀座のＤＩＥＳＥＬに行ったら可愛いパーカーがあって、共有することになったんです。お洋服を共有する親子はいると思うけど、祖母と服をシェアするってなかなか聞かないですよね。住まいが東京と京都なので電話が掛かってきて、「あれ着たいから早く返して」と言われて、急いで送ったこともあります（笑）。

すごく元気で、気が強いんですよ。小学生の頃、夏休みにわたしと姉を一カ月、ハワイに連れて行ってくれたことがありました。祖母はだれとでも仲良くなるので、空

港で話しかけて仲良くなった人の家にみんなで遊びに行ったり。気が強いから、すぐ喧嘩しちゃうんですけど（笑）。

この本を書いている2023年には88歳で、米寿を迎えました。以前より大人しくなって、毎日ゆっくり過ごしています。ただ、わたしのいとこの結婚式に行かなかったんですよ。少し認知症の症状が出てきていたので、美容院に行くのも億劫みたいで、「いまの状態の自分を見られたくない」って。そこの意識は残ってるんや！って、びっくりしました。

姉が東京でネイルサロンをやっているので、たまに帰ってネイルをしてあげているそうです。そういうのは嬉しいみたいですね。長生きしてほしいです。

ふとしたときにテレビに映る父

わたしはそうやって、母と姉と祖母と暮らしていたんです。でも日常の中で、ふとしたときにテレビに父が映ったりするんですよ。関西なのでＣＭにもよく出ていて。父の記憶はないけど、認識はしていたので、一瞬、動きが止まるんですよね。それがちょっと、なんだろう……嫌でしたね。わたしにとって元々存在していなかった人だけど、「この人がお父さんなんだ」と思っていて、そういう人が自分の意識しないタイミングでテレビの中でいきなり爆笑してたりすると、「えっ……」って。大体、あの人って爆笑してるじゃないですか。上を向いて笑っている。「わたしは笑えない」と思ったり。ただ、母はわたしに父のことを悪く言ったことは一度もないので、「どんな人なんだろう?」とずっと思っていました。わたしのこと知ってるのかなとか。

幼稚園のとき、父が運動会をこっそり見に来たことがあります。サングラスをしていたんですけど、他の父兄さんにもサングラスをしている人がいたんですね。それで父は「なんであいつは芸能人じゃないのに、サングラスをしてるんだ」っていちゃもんを付けたらしいんですよ……。そうしたら「赤井英和や！」って騒ぎになって。「沙希ちゃんのお父さん、赤井英和なんだ」ってバレたんですよね。「お父さん、普段どんな人なの？」とか聞かれても、うちにはいないからわからなくて。「赤井英和の娘として喋ったほうがいいのかな？」とか、生まれて4、5年しか経っていないのに気を使った覚えがあります。みんなが望む答えを言わなきゃいけないのかなとか。

友だちが折り紙を渡してきて「サインもらってきて」と言われたときは、どうしよう、断ったらがっかりさせちゃうのかなと思って、家にあった『どついたるねん』という父のサイン本を真似て書いて渡しました。でも結局バレて、嘘つき呼ばわりされて。嘘つき呼ばわりは、小学校に入ってもずっと続いていました。

幼稚園が一緒の子がいたから、小学校でも知られてしまって。離婚しても名字が赤井のままだったので、余計にいまも一緒に住んでいると思われたんだと思います。子供に罪はないからということで、母が赤井のままにしたんですよね。

突然の父との再会

小学校1、2年生のある日、母に「パパが京都に来るから遊びに行くよ」と言われたことがあります。わたし、ずっと髪が長くてサラサラだったんですけど、母の気分なのか、そのタイミングに限ってめっちゃ短かったんですよ。例えるなら元自衛官芸人のやす子ちゃんくらいのベリーショートでした。たまたまそのタイミングで父に会うことになって、わたしの中では父と初めて会う感覚だったので、「こんなに短い髪型で、恥ずかしいな」と思ったのを覚えています。

嵐山に住んでいたので、「嵐山モンキーパーク」というサル山へ行くことになり、みんなで車で向かいました。わたしと姉は後ろで、父と母が前に座ったので、父の後ろ姿を見て不思議な感じがしました。

サル山に着いたら、とにかくサルが怖かった！　野生のニホンザルは走り回っているので、めっちゃ怖いんです。わたしがピーナッツを持っていたらウワーッと集まってきて、父どころじゃなかったです。「サル、怖っ！」と思って。ピーナッツを渡そうとすると、サルがぶんどるんですよ。早く次くれって。サルとの思い出の方が色濃く残っていますね。

ふと下のほうを見たら、片手のないちびっ子のサルがいました。でも大人のサルが怖くて、ピーナッツをあげられなかった。どうしようと思っていたら、父がその子の口元にピーナッツを運んであげたんですよね。わたしはそれをしてあげられなかったから、怖さよりも、「この人はこのちびちゃんをちゃんと見つけて、エサをあげてくれたんだ」っていう印象がすごく残っています。

京都の四条大宮という駅で父とお別れすることになって、「なんだったんだろう、今日は」と思いました。べつにまた父と暮らすわけでもないんだなとか。母

が車で帰ろうとしたら、駅の売店の陰から父が覗いてきて。隠れたと思ったら、ヒョコッと顔を出して、またバイバイしてきて、また隠れたと思ったら、またバイバイ。わたしと姉はゲラゲラ笑って、「もう帰ったんちゃう？」「まだいた！」とか言って、何回も何回もやってくれて。車の中でずーっと笑っていました。

いま思えば、あれは父が再婚するタイミングだったんです。

わたしが9歳のとき、父が『24時間テレビ』のチャリティーマラソンランナーになりました。べつに興味はなかったけど、「ちゃんと走り切れるのかな？」とか心のどこかで思ったりしていて。ゴールした瞬間、「やった！　パパ、走り切ってよかった！」って思ったら、この感謝をだれに伝えたいか聞かれた父は、家族の名前を挙げたんですよね。わたしの名前はもちろん入っていなくて……。「ああ、わたしにとってお父さんはこの人だけだけど、この人にとってわたしは子供じゃないんだ。でもわたしは日常に生きていて、これを見続けなきゃいけないんだ」と途方に暮れました。

キャンペーンモデルのお披露目ショーに突然現れた父

お父さんがほしいと思ったことは、実はないんです。うちには母がいて、祖母がご飯を作ってくれていたので、お母さんが二人いる感覚でした。逆に「お父さんって、なにする人なんだろう？」と思っていました。お父さんがいたらどんな感じなんだろうとか、男の人が家にいるってどんな感じなんだろうとか。家族以外の男性と暮らしたことがないので、いまだに全然わからないです。

あ、でもＤＤＴプロレスリングに所属して、男子選手と一緒にいるとエアコンの温度がものすごく低いとか、洗面所がビシャビシャになっていたりとか、悪気のないちょっとした一言にイラついたりとか。

こういうところで男って感じるんだろうなとは思いました。

運動会のときは、母のお店のマネージャーや主任が二日酔いなのにわたしのために走ってくれたりして、そういう意味ではまわりに愛されて育ちましたし、もちろん恋愛もしてきました。男性に対して抵抗はないんです。

でも、ふとお酒やタバコの匂いがするとき、「あ、なんかこれ嗅いだことあるな」と思うと、「あ、パパの匂いだ」と感じるときがあります。一般的にはいい匂いじゃないのかもしれないけれど、父の匂いって自分の中であるんですよね。

芸能界にデビューして、旭化成せんいのキャンペーンモデルに選ばれて、お披露目のときにショーがありました。東京に出て来て、一番大きなお仕事ですごく緊張していたんですけど、早朝なのに突然その場に父が現れたんですよ。真っ赤なジャケットに黄色いシャツで、青いネクタイをして。「ルパン三世かよ！」みたいな（笑）。「緊張してるか？」と聞かれて、「うん」と答えたら、わたししかいないのにわざわざ耳元でヒソヒソと「お前が楽しめばいいから。周りなんて関係ないから、お前が一番光れ」って言ってくれたんですよね。それが、めちゃめちゃ酒臭かったんです。でもわたしは「あ、パパの匂いだ」と感じました。

「太ってて、立派ね」と言われていた幼稚園時代

いまはありがたいことに、「細い！　スタイル抜群！」と言っていただくことも多いのですが、子供の頃はものすごく太っていました。赤ちゃんのときは、ポケモンで言うとベトベター。もう溶けちゃうんじゃないかっていうくらい、本当に太っていました。

姉は一人目の子供だから神経質に育てられたみたいなんですけど、わたしは二人目だからわりと慣れた感じで育てられたんですよね。ミルクを与えれば、夜泣きせず朝までガッツリ寝る子だったそうです。泣いたらミルクを渡せば大人しくなるので、どんどんどんどん大きくなりました。姉と二人で並んでいる写真を見ても、同じくらいの大きさなんですよ。

母がベビーカーを押してパン屋さんに入ったとき、わたしはミルクをもらって大人しくしていたそうなんです。でも帰るとき、「お客様」って呼び止められて、「そちら

のお子様が……」と言われて、わたしを見たら、まだ歯も生えていないのに勝手にパンを取って、よだれでパンを吸っていた（笑）。すごく食い意地が張ってい た子でした。

太り過ぎていて、だれにも「可愛い」と言われなかったそうです。太ったネコみたいな扱いになっていたと思います。「太っていて、立派ね」みたいな。幼稚園の半ばくらいまで太っていて、身長が伸びるにつれて細くなっていきました。身長はね……ちょっと伸びすぎちゃったんですけどね。

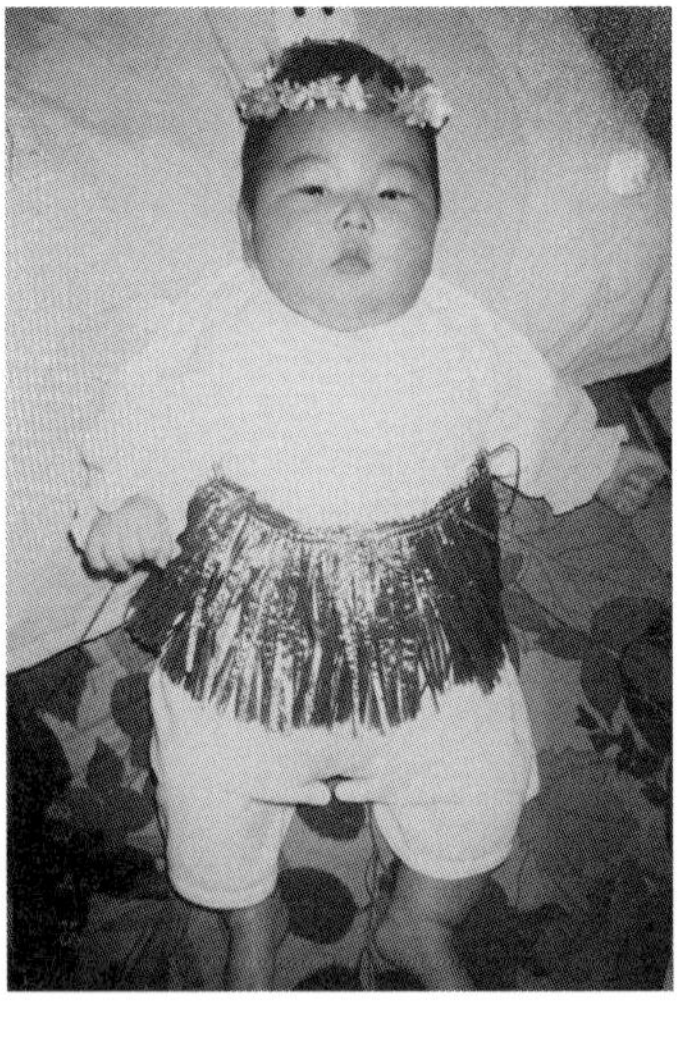

母が「片親であっても、子供たちにはしっかりとした教育環境を与えたい」と思ってくれていたので、幼稚園は受験をして入りました。

カトリックの幼稚園で、お遊戯会ではイエス様の生誕祭をやったり、クリスマスには劇をやったり、ご飯を食べるときは「天にましますわれらの父よ」と唱えたり。幼稚園に教会もありました。

小学校も受験をして、国立の学校に合格しました。ただ、当時は合格してから親がくじ引きをするシステムで、その抽選で落ちてしまったんです。母に「ごめんね」と言われたけど、正直まったくショックじゃなくて。

でも「空気的に泣いておこう」と思って、ワアッと泣いた覚えがあります。空気を読む子供だったんですかね。結局、小学校は公立に行きました。

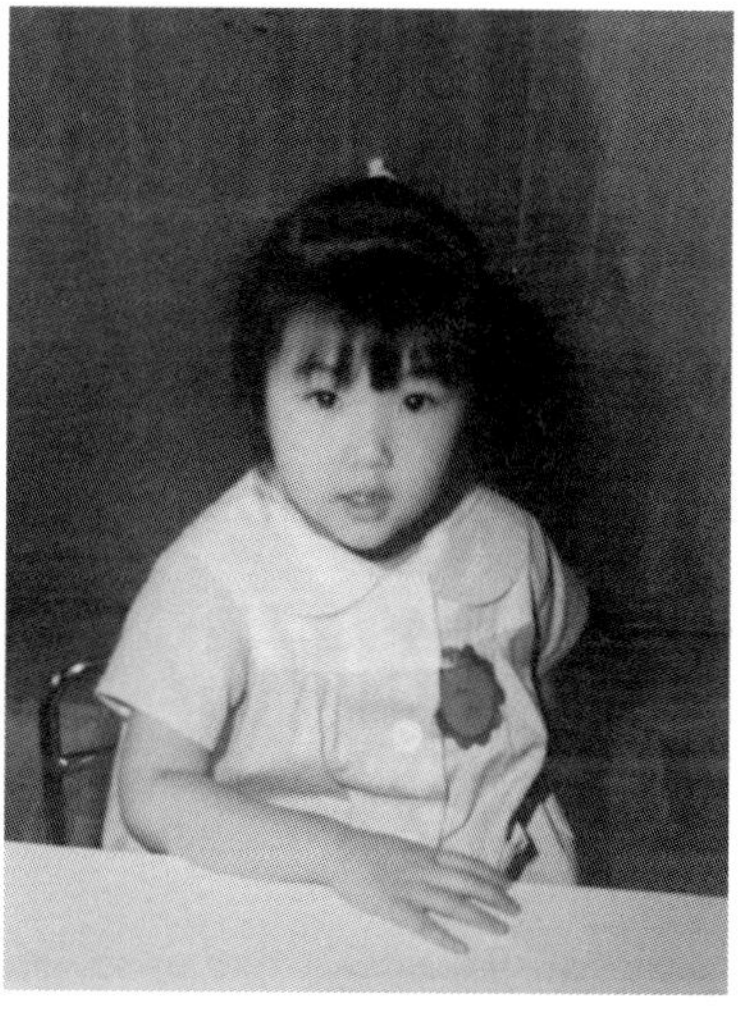

身長が160㎝あった小学生時代

小学校に上がると、身長が伸び始めて、6年生のときには160㎝ありました。当時は、「身長が伸びたら喜んでもらえる」と思っていたので、嬉しかったですね。母がオシャレなので、赤いランドセルじゃなくて、コンバースのリュックを背負っていたんですよ。だから160㎝でリュックを背負っていても、とくに違和感はありませんでした。

男子と女子が背の順に並んで、横の人とペアになって手を繋いで公園まで移動することがあったんです。当時、好きだった男の子が背が高かったので、「クッソー！もう少し背が高かったら、あの子とペアだったのに！」と思って、どうにかして伸ばそうとしました。でもすぐにその子の身長を超えてしまって、今度は縮んでみたりしましたね。

子供の頃の夢は、保育士さん、女性警察官、お嫁さん。小学校に上がってからは、ビューティーアドバイザーの仕事にも憧れました。母がお客さんにお中元やお歳暮を贈るので、よくデパートに連れて行ってもらったんです。1階のいい匂いがするフロアで、ビシッとスーツを着こなしたお姉さんが女性相手に美をテーマにお仕事をされているって、素敵だなと思いました。カウンターにはいろんな色のお化粧品があって、絵の具みたいですごく綺麗でした。

人のためになることが好きで、そういう職業に就きたいなと思っていました。自分のためにって、できないんです。「自分さえ我慢すればうまく回る」と思って我慢してしまう。プロレスでもそうです。ファンの方のためにと思うから、頑張れるんですよね。

ちょっと「やんちゃ」だった中学校時代

中学も受験をして、私立の女子校に入りました。背が高かったので、バレー部にスカウトされ、そのまま入部。球技なんてやったことなかったのですが、毎日たくさん走って、アタックとブロックの練習をしていました。「1、2、ソーレ！」とか、裏声で「ナイスファイトです！」と言ったりする独特の文化があって、まずそれを覚えて慣れるまでが大変でしたね。

コーチが「赤井を育てよう」と思ってくれていたみたいで、1年生から練習試合にも出させてもらっていました。でも、気持ち良く点が入ると嬉しいけど、ミスをするともう耐えられないんですよ。

みんなで雨の日も風の日も練習していっぱい頑張ったのに、わたしのミスのせいで、チームだけじゃなく先生も父兄もみんな悲しむと思って。逆に他の人がミスをしたとき、口では「ナイスファイトです！」と言いながら、内心「この人がミスらなければ、わたしはもっとできたのに」とか思っちゃう。団体競技は合わないなと思って、1年で辞めました。

2年生で帰宅部になって、行き場を失いました。やんちゃな友だちが増えて、放課後になったらお化粧して、鴨川に架かる三条大橋の下を「鴨下」って言うんですけど、そこがたまり場になっていましたね。他校の生徒もいたり、ちょっとやんちゃな子たちと集まって、夜、町を徘徊したりしていました。

門限が夜7時だったので、8時、9時に帰るって、自分にとってめっちゃ不良な行動でした。門限に遅れると「友だちが財布を落としたから探してた」とか言うんですけど、母に「嘘つくんじゃないよ！」ってボコボコに殴られたり……。

学校も厳しかったので、夜、先生が見回りをしているんです。鴨下でたまっていたときに見回りの先生が来て、みんなで川沿いを走って逃げたんですけど、わたし、やっぱり運動神経が悪いんですよ。みんなの後ろ姿がどんどん小さくなっていって、わたしだけ捕まりました。「一緒にいたのはだれや？」と聞かれたので、「ちょっとわかんないです」って言って友だちをかばったら、わたしだけ学校に連れて行かれて、母が呼び出されました。出勤前の母が、着物を着て、髪をビシッと結って、『極妻』みたいな状態で怒りながら入ってきました。「ださいね、あんた」と言われて、申し訳ないなと思いつつ、「ママ、かっこいいな」って思っちゃいましたね。

わたし自身はそんなに不良ではなかったのですが、「最近、鴨下にいたあの子、会わないな」と思っていたら「年少、入ったらしいで」とか。少年院のことを年少って言ってたんですよね。そういう友だちと遊んで

いた時期はありました。授業中、浜崎あゆみさんの歌詞をひたすらノートに書いていましたね。〝大人は敵〟みたいな歌詞とか、すごく心に沁みて。「あゆは、うちらの代弁者や」と浸っていました。繰り返しますが、べつにわたし、そんなに不良でもなかったんですけど（笑）。

当時はミニスカートにルーズソックスが流行していた時代だったので、わたしもスカートを短くしていたんですけど、身長が170cm近くあったので、足が歩いているような感じでした。隣の男子校の生徒に「うわっ、でかっ！」と言われたり。「お前ちょっと隣、並んでこいよ」とか、後ろで言われているのがすごい聞こえてきて、嫌だなあと思いながら歩いていました。年頃の男の子がすごく苦手でした。

カットモデルを経験、魅力を感じる

中学2年生のときにカットモデルをしたことがありました。街で美容師さんに声を掛けられたんですけど、カットモデルの文化というか、そういうものを知らなかったので、「タダで切ってもらえる！」という嬉しさと、「歩いたり撮影したりするのがモデルなんじゃないの？」という不思議な気持ちと、半々でした。

蓋を開けてみたら、その美容師さんの作品撮りと、『ＣＨＯＫｉＣＨＯＫｉ』という雑誌に載るお仕事だったんです。半ページだったので、結構大きく載りました。

そこで「自分で空気を作る」ということの面白さに目覚めたんですよね。フォトグラファーさんと呼吸を合わせて、カメラのレンズ越しになにがあるかわからないけど、その場でしか生まれない呼吸と世界観があって、それがすごく楽しかった。ただ、可愛く撮られるだけじゃなくて、髪型も含めて、雰囲気が大事というか。バレー部を辞めてから髪を伸ばしていましたが、いきなりウルフカットになったの

で、学校でびっくりされましたね。

学校のみんなはまだ『Popteen』とかしか読んでいなかったから気づかなくて、内心、「わたし、実はいま雑誌に載ってるんだよ！」とか思って、一人でホクホクしていましたね。

「わたしはみんなが追いかけている流行とは違う大人の世界を知ってるんやで！」というのが、誇らしかったです。

とは言え、モーニング娘。が大好きで、とくに後藤真希さんがめちゃめちゃ好きでした。ゴマキはいまでも大好きです。いまはもう化粧も薄いしナチュラルなんですけど、どこかヤンキーっぽさもあって、そこが素敵なんです。

当時から髪型を真似したり、いまもヘアメイクさんに「『愛のバカや

ろう』のときのゴマキで！」とかリクエストしたりしています。

初めての彼氏

女子校だったので、男性と関わる機会はほとんどなかったけど、あるとき彼氏ができました。友だちが他校の人たちと仲が良くて、プリクラ帳が流行っていたので、わたしのプリクラを見て「この子、紹介して」ということで。その初めてできた彼氏というのが、お笑いコンビ「相席スタート」の山添寛さんなんです。

わたしが中2で、寛くんは高1。メールのやり取りから始まって、何回かデートを重ねて、寛くんから「お付き合いしましょう」と言われました。

クールで大人っぽくて、優しくて。彼はカラーギャング？に入っていたらしいんですけど、わたしと付き合っていたときはもうグループを抜けたあとだったのかな。ずっとアルバイトをしていて、ひたすらお金を稼いでいるイメージでした。中2のわたしからしたら、大人と一緒に働いてお金をもらっているって、すごいなあと思って彼を見ていましたね。

さりげなくわたしの分もお会計してくれたりして、「えっ、大人だ……大人ってこういう感じなんだ……」と思ってドキドキしました。

一緒に歩いていて、商店街のおばちゃんに「山添くん！　可愛い子、連れてるやん」とか言われると、「めっちゃ可愛いやろ！」って返してくれるんですよ。普通、それくらいの年代の男の子って、恥ずかしくて逆ギレしたりするイメージだったんですけど、「沙希って言うねん。仲良くしてな」とか言ってくれて。

めっちゃイケてるやん！　みたいな。

でも、ふとしたときに急に声を荒げたりしていたんですよね。べつに怒っているわけじゃなくて、急にワーワー言うんです。いま思えば、あれはお笑いの「ツッコミ」だったんですよね。

他にも、バスの中でおじいちゃんが座っていると、わたしの耳元でセリフをアテレコしてきたりしました。だから、わたしはてっきり声優さんになりたいのかなと思っていたんですけど、寛くんの家に遊びに行ったとき、『M-1グランプリ』のDVD

がズラッと並んでいたんです。「お笑いとか見るんや〜」って聞いたら、「俺、お笑いが好きで芸人になりたいねん！」って。

わたしもお笑いが好きだったので、一緒になんばグランド花月やｂａｓｅよしもとに行ったりました。当時、麒麟さんとか千鳥さんがトップだった劇場でライブを見て、寛くんは帰りの電車でネタについてめちゃめちゃ分析していましたね。

わたしは面白いか面白くないかでしかわからなかったので、いろいろな視点から漫才を見ることができるなんて、「すごいなあ、やっぱり大人だなあ」と思いました。

でも2、３ヶ月で自然消滅してしまったんです。わたしと付き合っても、つまらなかったと思います。見た目は大人っぽかったけど、まだ全然女性じゃないですから。寛くんはもう精神的にも大人だったので、合わなかったのかな。振られてもいないですけど、自然と会わなくなりました。

わたしは「寛くん、すごい」って、すべてにおいて思っていました。優しいし、背も高いし、礼儀正しいし。いまだに悪い人とは思っていないですね。いい思い出です。

モデルをやってみない？とスカウトされるも…

中学3年生になると、鴨下に行くのにも飽きて、めちゃめちゃ普通の生活を送っていました。制服がセーラー服だったので、それまではリボンとかスカートを短くしていたんですけど、なんかちょっと変というか、「下品だな、美しくないな」と思うようになって。そうやって着崩すよりも、ちゃんとセーラー服をセーラー服として着たほうが絶対可愛いなと思うようになったんです。普通のセーラー服であることに価値がある、というか。

そんな時期に、四条大宮でモデルにスカウトされました。そこはスカウトのメッカとかじゃなくて、少し中心部から外れたところなんですけど。

それまでも声を掛けられたことはありましたが、小さい頃から「知らない人に話し掛けられても、相手をしちゃいけない」と厳しく言われていたので、スルーしていたんです。でもその人はすごく真摯な応対で、「お母さんと相談して、ちょっとでも興味があったら連絡してほしい」って、名刺を渡してきたんですよね。

カットモデルを経験して、そういう世界にどこかで興味はあったんでしょうね。母に「やってみようかな？」と言ったら、「ちゃんと高校に入れたらいいよ」と言われました。実は、エスカレーター式の私立なのに、わたしの成績が悪すぎて、そのエスカレーターが止まりそうだったんですよね……。

そこから必死に勉強……は、しませんでした。先生と仲良くなって、どこがテストに出るか教えてもらったり、上履きやセーラー服の内側に答えをびっしり書いたり。長袖のボタンを外すと答えが書いてあるっていう、『名探偵コナン』とか『DEATH NOTE』並にテクニックを駆使しました（笑）。

名字が「赤井」なので、席が一番前のことが多いんですよ。ただ、一番前って意外と死角というか、盲点なんですよね。

まさかここでカンニングはしないだろうと思われているから、一度もバレませんでした。

CHAPTER 02

モデル、芸能界デビュー

モデル活動のスタート　冨永愛さんに憧れる

なんとか無事に高校に進学できて、晴れてモデル活動がスタートしました。モデル事務所は兵庫県の三宮という場所だったので、学校が終わると京都から兵庫まで阪急電車で通っていました。レッスンに間に合わないときは新幹線に乗ったこともありましたね。

レッスンでは、体型のわかる服を着て、ピンヒールを履いて、ひたすらウォーキング。ショーの練習でした。

モデルを始めた頃、冨永愛さんの『ＶＯＧＵＥ』の写真を友だちに見せてもらったんです。制服をミニスカートにして、ダルダルのルーズソックスを履いて、ちょっと気だるそうにしているんですよ。

それがめちゃめちゃカッコ良くて。「身長が高くてもこんなにカッコいいんだ！」って、衝撃を受けました。化粧も薄くて、すっぴんみたいな感じ。ギャル全盛期だったので、その差にも衝撃を受けましたね。

それまでは「背が高くていいわね」とか言われると、「いや、低いほうがいいでしょ！」って内心では思っていたんです。低い人はヒールで身長を高くできるけど、高い人は身長を低くできないじゃないですか？

だから「なにがいいんだよ！」と思っていたけど、冨永愛さんの写真を見て、初めて「身長が高いってかっこいいんや！」と思えました。

背が高いことがずっとコンプレックスだったけど、冨永愛さんのおかげで、自分の中に一筋の光が見えたような気がしました。

冨永愛さんの生き方にも衝撃を受けました。未成年のときに一人でパリへ行って、言葉が通じなかったり、様々な厳しい環境の中、結果的にパリコレの舞台に立たれて活躍されて。

ものすごく苦労されたことをインタビューで読んで知り、本当にかっこいいなと思いました。わたしもショーのモデルをやっていましたけど、いまの自分だったら絶対そこまでたどりつけないな、本当に強い女性だなと思いました。

わたしの中で、「強さ」と「美しさ」はイコールなんです。

思いと行動の矛盾

有名な雑誌だと『JJ』や『CanCam』の着回しコーデのモデルも経験しましたが、雑誌のモデルにしては身長が高すぎるのと、骨格が大きすぎるんですよね。用意された靴が入らなくて、そういうときは滑りを良くするためにゴミ袋を履いてからブーツを履いていました。めちゃめちゃ痛いし、むくんでパンパン……。

モデルとちゃんと言えるほど細くはなかったので、お洋服も無理やり着ていました。そこまでプロ意識がなかったんだと思います。学校の帰り道で定食屋さんで唐揚げ定食を食べて、家に帰ってからも夕飯を食べたり。

好きでモデルを始めたはずだし、せっかくチャンスももらえていたのに、それを絶対掴もうという考が至りませんでした。「もっと美人になろう」とか「太ってるからもっと痩せなきゃ」とか思っているくせに、いつもどおり唐揚げ定食を食べていて、矛盾しまくっていましたね。行動と考えが一致していなかったです。

外見はずっとコンプレックスだったし、そもそも自分の性格も好きではありませんでした。基本的に明るい性格ではないですからね。

現場でモデル仲間とヘアメイクさん、スタイリストさんがタメ口で楽しそうに喋っていたりすると、疎外感を抱いていました。

海外ブランドのショーに出演するために、中国にも行きました。わたしは頬骨が出ているのを気にしていたんですけど、アジア系のモデルさんは、エラが張って、頬骨が高くて、目が細いことを、むしろ武器にして活躍されていました。自分の価値観って小さかったなと思いましたが、自分の身近な人は「二重でまつ毛ぱっちりが可愛いよね」という考え方で。

どれがいいとか悪いとかじゃなくて、いろんな価値観があることを学んだ時期でした。

余談ですけど、芸能界で活躍しているある方が海外のショーに出たとき、乳首が透けていたことがあったんです。透けている素材のお洋服なので、むしろニプレスを着けるほうがヘンなんですけど。なのに週刊誌が「透け乳首を激写！」みたいなことを書いていたんですよね。マスコミって嫌だなあと思った記憶があります。それこそ、いろんな価値観があるんだなって。

そうやっていろんなことを吸収しながらも、「明日も唐揚げ定食を食べるぞ！」みたいなスタンスは変わりませんでしたね（笑）。

写真集の発売が決まるも……

17歳のとき、所属していた事務所から「ちゃんとデビューしよう」と言われました。「え？　いままでのはなんやったん？」と思いましたけど、当時は写真集を出すことが正式なデビューとされていたんですよね。

グラビアではなくて、あくまでもモデルとしての作品撮りということで、綺麗な感じでした。タイトルは『Ｓａｋｉ』。そのときは沙希という芸名だったんです。

「世の中にわたしのことを知っている人なんていないのに、だれが買ってくれるんだろう？」と不安でいっぱいでしたが、やれるだけやってみようと思って、

猛ダイエットしました。身長173㎝くらいで58kgくらいあったんですけど、運動と食事制限で48kgまで落としました。

写真集の発売がリリースされることになり、「頑張ったかいがあったな」と思っていたら、新聞の一面に「赤井英和の娘、デビュー」と書かれて……。

当時は言わない約束だったのに、事務所がリークしちゃったんですよね。「言わへんって言ってたやん」と憤った一方で、その写真がめっちゃ盛れていたんですよ。それはちょっと嬉しかったです。

学校にもわたしが赤井英和の娘だということがバレて、また後ろ指をさされるようになりました。マスコミの人たちがうちに来て、「暴露本を出しませんか?」と言われたりもしました。

父がバツイチだということを知らない人が多かったみたいで。待ち伏せされたりもしたし、家で留守番をしていたら、週刊誌の人が来て「お父さんの昔のことを教えてもらえますか?」と言われて、怖かったです。なんで嵐山のなんの変哲もないマンションに来るんだ? なんで知ってるの? 母の職場にも来たりして、そこでわたしたちがなにか言ったところで、だれも幸せにはならない。わたしがハッピーになるわけでもないし、父も母も、いまの父の家族も、週刊誌を読む人だってべつにハッピーじゃないでしょと思いました。

父との再会、デビューの報告

父にちゃんとデビューの報告をしたほうがいいんじゃないかということで、当時の事務所と、向こうサイドの事務所がそういう場を設けてくれました。

父にちゃんと会うのはサル山以来だったので、14年振りとか。母と姉と事務所の人も一緒に、京都から電車に乗って、大阪で会いました。

会うということはわたしの話は聞いているんだろうけど、本当にわたしのことを覚えているのかなと不安でした。もちろん一緒に写っている写真もあるから知ってはいるんだろうけど、わたしのことをどう思っているんだろうとか。お父さんっていう人に会うってどんな感じだろうとか。もういろんなことを考えました。ホテルの部屋の扉を開けた瞬間、ライトがたくさんあって、明かりの中で父が立ち上がって、「おっきくなったなあ」と言われました。「あ、テレビのまんまの人や」と思いました。ハグされて、「これから十数年、空いていた溝を埋めていこうな」と言われて、泣くつもりなんかなかったのに、ワーッて泣いちゃって……。それはたぶん小さいとき、布団の中で泣いたりしていた自分を思い出して、あの小さい子が救われたというか、「もうあんな思いを、あの子はしなくていいんだ」と感じたんですよね。

あのとき、わたしがなにを求めていたのか自分でもわからなかったけど、「わたしが欲しかった言葉をくれる人だな」と思いました。そっか、これって溝だったんだなと。かといってべつにまた家族4人で暮らすわけじゃないし、母と姉は複雑な思いを抱いていたみたいです。でもわたしは人前に出る立場で、いまはDDTだったり事務所だったり、いろんな〝家族〟がいる中で、父の立場もわからなくはないなと感じるようになりました。

アルバイトに明け暮れた短大時代

高校卒業後は、エスカレーターで附属の短大に進みました。このままモデルのお仕事をやっていくんだったら、学校に行く必要はないなと思ったんですけど、母に「お願いだから大学だけは出てほしい」と言われて。でも大事な4年間を、京都の山奥のキャンパスまで毎日片道1時間以上かけて通うのは嫌だったので、短大を選びました。

ずっと女子校だったんですけど、大学から共学になるんです。学校に男の人がいるのがちょっと嫌で、鏡を見てカッコつけている人を見たりすると「なにしとんねん。勉強せえ！」と思っていました。お前が言うなってという感じですけど（笑）。サークルに勧誘も

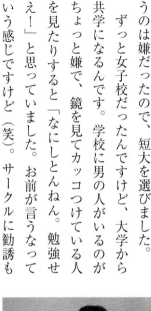

されたけど、もうやりたいことが決まっていたので入りませんでした。

心理学科だったのですが、授業は面白かったです。フェチの授業とかあったんですよ。例えば、ハイヒールにフェチを感じる人がいる。それが真っ赤じゃないとダメな人もいれば、ピンヒールじゃないとダメな人もいるし、ヒールを履いている女性を想像する人もいるし、ヒールに踏まれる自分を想像する人もいる、とか。ちなみに「みなさんは何フェチですか？」と言っていた教授が、後日逮捕されるという……。突き詰めすぎたんでしょうね。

初めてアルバイトもしました。ホテルの中華バイキングのフロアスタッフです。門限が22時だったので、21時には出なくちゃいけなくて、迷惑をかけました。その上、つまみ食いばっかりしていましたね。ダメダメな店員だったと思います。

夏休みに入って、課題をやりながらバイトを頑張っていたけど、ふと「わたしなにしてんやろう」と思いました。そのときオスカープロモーションに所属していて、京都から東京まで通っていたんです。自腹で新幹線に乗ったりして。あるときマネージャーさんに「なんで東京に出てこないの？」と言われて、学校に行く意味もわからなくなってきているから、上京するのもアリなのかなと思いました。母にはもちろん反対されましたが、「いまのわたしの年ってすごい大事な時期で、いましか吸収できないことが絶対にあると思う」って説得したんです。入学金を払ったばかりなのにって、めっちゃ文句を言われました。

バイトを辞めるとき、すごく厳しい店長さんだったのに、「昨日、『さんま御殿』見たよ」と言われて、わたしは早く帰るし、つまみ食いするし、嫌われていると思っていたからびっくりしました。厨房の中国人のみんなも「なんで赤井、辞めるんだ」って泣いてくれて、わたしもうるっとしちゃいました。

『さんま御殿』や『ヘキサゴン』などテレビの出演も増えるように

ちなみにその『さんま御殿』は2世タレント特集だったんですけど、わたしは2世タレントとしてのエピソードがなにもなかったんですよ。父との直接的なエピソードを求められていたと思うんですけど、人から聞いた話とか、自分が感じたことしか言えなくて。だったら自分のキャラの濃さを出せばよかったのに、お世話になった人に恥をかかせちゃいけないと思って、「おすまししなきゃ」「賢く見せなきゃ」と取り繕ってしまい、エピソードもないし喋りもしなかったんです。そのときはバラエティー番組で求められているものが全然わかっていなかったですね。

　前述しましたが、18歳のとき、旭化成せんいのキャンペーンガールのオーディションに合格しました。俳優への登竜門みたいな感じで、「企業のキャンペーンガールをやり、ビールのキャンペーンガールをやり、『JJ』のモデルとかをやりつつ、俳優になる」というのが、当時のよくある流れでした。

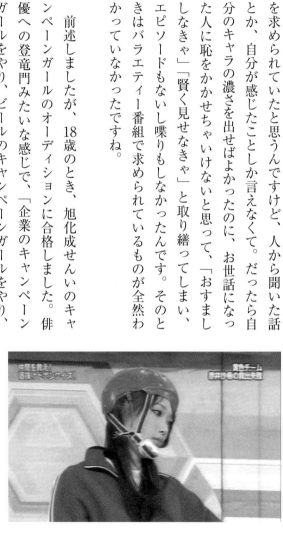

旭化成グループの歴代キャンペーンガールって、すごいんです。初代がアグネス・ラムさん。松嶋菜々子さん、片瀬那奈さんもいて、「沙希ちゃんもそれに続かなきゃいけないんだよ」と言われて、「無理！」と思った記憶があります。

旭化成のキャンペーンを回ったり、地方で1日警察署長をやったり、いろいろやりました。契約している1年間は会社の顔だから、代理店のおじいちゃんに教育されましたね。代理店だからイケイケの人かと思いきや、白髪頭のおじいちゃん。「ニコニコしているだけじゃなくて、ちゃんと品がないとダメ」と言われました。わたしが粗相をしたら会社の看板に泥を塗ってしまうので、大人の女性として、マナーも含めて内面を鍛えてもらいました。

2008年から、『クイズ！ ヘキサゴンⅡ』に出演するようになりました。隔週くらいで出させていただいて、南紀白浜と宮古島合宿にも行きました。島田紳助さんはじめ木下優樹菜ちゃん、スザンヌちゃん、misonoとか、名だたる顔ぶれが集まりすごいメンバーでしたね。misonoは同じ京都出身なので、当時は仲良くさせてもらいました。

いままでずっと「勉強しなさい」と言われてきたのに、プロデューサーや総合演出の方から「沙希は勉強しなくていいから」と言われて、めっちゃ嬉しかったのを覚えています。でも、頭の回転の速さだったり、勉強ではない頭の良さはすごく求められました。

「紳助さんがどうにかしてくれるから、なんでもいいから話しなさい」と言われて、とりあえずなにか発言するようにしていましたね。けど、「だったらわたし必要ないんじゃ？」とネガティブに考えるようになったんです。いま思えば、キャスティングしてくれた側が、なんでこのメンバーにわたしを入れたのかを考えれば、そこに方向性のヒントはあったはずなんですけどね。当時は「爪痕を残さなきゃいけない」という気持ちが先走って、身長がコンプレックスなのに個性にしなきゃと思って、ポニーテールにして逆毛まで立てていました。おバカキャラだったから思ってもいないことを言ってしまい、家に帰ってひどく落ち込みました。空回りしていたと思います。

芸能界に対しても苦手意識がありました。本音と建て前の世界だし、夜コソコソ集まって、やたら西麻布にいたりとか（笑）。わたしも暗闇は好きだけど、わたしの好きな暗闇じゃなかったです。

タレントさんって、恋愛の話ばかりするんですよ。「なにが面白いやろう？」と思っていました。そんな中でも好きだなと思っていた人たちは、恋愛には興味がなくて、もっと先を見ている感じでした。そういう人は、やっぱりいまでも活躍されていますね。八嶋智人さんとか、宇梶剛士さんとか好きでした。女優さんも素敵な人が多かったです。でも、「絶対いろんなものを見てきているはずなのに、この笑顔でいられるのはちょっと怖いな」と思ったり。普通の精神でいられるほうがちょっとおかしい世界だと思うんですよ。

坂口征夫さんとの初めての出会い

いろいろなバラエティー番組に出させていただく中で、『爆報！THEフライデー』という爆笑問題さんと田原俊彦さんがMCの番組で、坂口征夫さんと一緒になったことがあります。2世タレント特集だったのかな。坂口さんはお父様が坂口征二さんということで。当時はまだプロレスラーじゃなくて、総合格闘家でした。

わたしは坂口さんの前に座っていたんですけど、ポニーテールにして逆毛を立てていたから、坂口さんとかぶってずっとイライラしていたそうです。あとから聞いた話ですけど。

わたしも坂口さんのことがあんまり好きじゃなかったんですよ。「なんでこの人はバラエティーに出るって自分で選択したくせに、こんなトゲトゲしたオーラ出してんやろう？」と思っていました。あんまり喋らないし。わたしが「ちょっと待ってくださいよ！」とか立ち上がっても、坂口さんは立ちもしないし、MCの人に振られても

「いいんじゃないっすか」みたいな。「なんでオファー受けたの⁉」と思っていましたし、怖いから距離を置いていましたね。それがのちに同じユニットになって、一緒に6人タッグのベルトを巻くなんて、人生わからないものですよね。

街を歩いていると、「赤井沙希ちゃん？」と声を掛けられるようになって、引きこもりがちになりました。どこに行っても指をさされるのが怖かったです。

あるとき、コンビニでじゃがりこを買おうとクオカードで支払いをしたら、レジ店員に「このクオカード、もらっていいですか？」と聞かれたんです。「うわあ、どこ行っても見られてる！　怖い！」と思って返してもらったけど、実は、わたしの顔が写っているクオカードだったんですよね。そりゃそうだろっていう（笑）。

「頑張って芸能人にならなきゃ」と思っていた時期で、芸能人のみんなと同じ生活をして、芸能人の友だちを作って、みんなとご飯に行かなきゃと思っていました。でも全然友だちができなくて、一人で外食ばかりしていました。とにかく食べまくっていましたね。精神がブタだから、ロケ弁も必ず2個食べていました。食べすぎで、夜遊びしないのにいつもお金がなかったです。

K-1のイメージガールに合格

2009年、22歳のとき、K-1のイメージガールのオーディションがあって、合格しました。元々格闘技が好きだったので、近くで試合を観られるのが嬉しかったです。レイ・セフォー、シリル・アビディ、レミー・ボンヤスキーが好きでした。ピーター・アーツとかアーネスト・ホーストの時代ですね。

年末は必ず、実家で格闘技中継を観ていました。「ボブ・サップvs曙」とかやっている中、「坂口憲二の兄（坂口征夫）vsボビー・オロゴンの弟」というカードがあったんですよ。わたしはコタツでみかんを食べながら、「兄弟まで引っ張り出し

てくるん?」とか思いながら観ていましたね。まさかそのときテレビで観ていた人が、のちの師匠になるなんて……本当にわからないなあと思います。

イメージガールのオーディションのとき、石井和義館長から「リーチも長いし、練習してみたらどうや」と勧められました。館長はわたしをK-1の女子ファイターにしたかったみたいです。選手になるのは抵抗があったけど、格闘技は身近な存在だったのにやったことなかったなと思って、遊びでもいいからやってみようと思い、母の知り合いに紹介してもらって、五反田のワタナベボクシングジムに通い始めました。

格闘技って、基本はパンチなんですよね。パンチができたら、腰の回転に足を合わせればキックボクシングになる。とりあえずパンチをできるようにするために、ボクシングをやろうと思ったんです。そうしたらハマッて、週4回くらい練習に行くようになりました。

そこで、自分が知らなかった自分をいろいろ知りました。それまで自分で「リーチが長い」と思ったことはなかったんですけど、身長176cmくらいで、リーチが184cmあるんですよね。普通は身長と同じなんですけど、わたしは広げたときに手のほうが長いんです。集中力はなかったけど、ボクサー向きの体型をしていたんだと思います。

あと、殴られたときに「いたーい」とか言って尻餅をつくんじゃなくて、カチンときてバーンと殴り返すタイプなんだって、初めて知りました。セコンドの人に「カッとなんな！」みたいに言われている人っているじゃないですか。やられて大振りになって、顎をやられて死ぬタイプ。でも「なに殴っとんねん！」って、飛び掛かっていっちゃうんですよね。学校ではあゆの歌詞ばっかり書いていたのに（笑）。

血筋ってあんまり好きじゃなかったんですよ。なにをやっても「血筋かしらね」と言われるのって、ちょっと納得いかないというか。けど、ちょっとあるのかなとは思いました。父だけじゃなく、母の血も。格闘技にはまったく触れてこなくて、縄跳びも跳べなかったのに、マスボクシングをすると不思議と「オラアア！」ってなるんですよね。

ジムの人に「ライセンスを取らないか？」とも言われましたが、わたしは好きなときに行って、好きなメニューをやって汗をかいて、終わったら美味しいご飯が食べられればよかったので、断りました。

オスカーのマネージャーで、ものすごく厳しい軍曹みたいな人がいたんですよ。わたしは「痩せろ」とずっと言われていて、目の前で体重計に乗せられたりとか。その人に「オリンピックを目指せ」と言われたんです。でもわたしがボクサーになったら、絶対「赤井英和の娘」じゃないですか。どれだけ努力して頑張ったところでそこに繋げられるなと思って断りましたけど、なんだか病みましたね。まあ、ボクサーになりたいわけでもなかったですし、ヘッドギアをしたらブスになるし。そこでモチベーションが下がるのは、本当にやる気がなかったんだろうなと思います。

深夜ドラマ『マッスルガール！』の出演

2011年4月から、TBS系列の深夜ドラマ『マッスルガール！』に出演することになりました。「ブラックデビル」というヒール役。24歳のときです。

子供の頃から格闘技は身近な存在でしたが、プロレスだけはちょっと苦手でした。母はプロレスも好きで、テレビでよく観ていたんですけど、わたしは血が出ていたりすると「なんでセコンドがいるのに、血を止めないの？」とか、レフェリーが見ていない間に反則する選手を見て「出場停止にしろ！」とか思っていました。プロレスをどう見ていいか、わからなかったです。

プロレスラーの役をやることになって、アイスリボンさんとＪＷＰさんの道場で受け身の練習をしました。でも本当に役の一部というか。救命救急士の役をやるために、実際に消防署に行ってルート確保の練習をしたり、書道家の役のために書道の練習をしたりしましたが、そういうのと一緒です。アイスリボンではさくらえみさんに受け身を教わったんですけど、プロレスを観ていてもどれが受け身なのかわからなくて。「わたしがいまやっている、でんぐり返しバーンみたいなやつは、なんなんだろう」と思っていました。撮影がうまくいけばべつに要らないんだけどなと思いながらも、「このでんぐり返しバーンは、いつ使うんだろう？」とずっと思っていましたね。

わたしはお芝居としてやっているけど、プロの方たちは痛い思いをして、しかもボクシングやＫ-１と違って、試合を毎週やっているわけだから「どうなってんだ？」と思っていました。志田光ちゃんと共演したんですけど、志田ちゃんが「昨日、試合でさ」「今週また試合だよ」とか言うのを聞いて、大変な仕事やなと思いましたね。

ヒール役だったので、ヒールの研究もしました。わたしがやるのはダンプ松本さんじゃないなと思ったので、悲恋さん（元センダイガールズプロレスリング）の試合をたくさん観ましたね。ヒールと言っても、ただ「俺は悪いぞ！」ってやっても、深みがないじゃないですか。ちゃんとその人たちにとっての正義があるから、説得力がある。プロレスは、悪い人がいるから面白いんだと思うんですよね。

ドラマのDVD発売イベントで、アイスリボンさんの道場でプロレスデビューもしました。志田光ちゃんと組んで、藤本つかささん、真琴さんとエキシビションマッチ。お客さんの前でやるのはすごく緊張したし、お客さんたちからしたらわたしは敵なんだろうなと思うとナーバスになりました。よくわからない素人がいきなり来て、しかもヒール役でいっぱい悪いことをするし、ファンの方はいい気はしないだろうと卑屈になってしまって。でもいざやってみて、びっくりしました。つっかさん（藤本つかさ）の顔をわたしが踏んだら、みんなが「うわー！」って盛り上がってくれて。「え、どんな気持ち？」と思いました。推しが踏まれて喜んでいるのか、わたしを歓迎してくれているのかわからなかったけど、楽しんでくださっていることはすごく肌で感じましたね。

　人前でプロレスを初めてやってみて、舞台やファッションショーと似ているなと思った部分もあります。ファッションショーって、ただ歩いているだけに見えるかもしれないんですけど、ウォーキングひとつ取っても、目線の配り方でお洋服をどう見せるかとか、デザイナーさんが伝えたいことはなにかとか、考えてウォーキングするんです。そういう空気づくりみたいなものは似ているなと思いました。

　とは言え、「こういう世界があるんだな」と思ったくらいで、仕事の一部になっただけ。関係者の方が「あの子を手放すな」と言っていたと聞いて、怖いと思いました。実際に女子の団体からオファーもあったんですけど、プロレスのことをよくわかっていなかったし、軽いノリでできることではないなと思い、スッとフェイドアウトしました。また違うお芝居のお仕事が来たので、そっちに一生懸命になりましたね。

CHAPTER 03

「プロレスラー赤井沙希」の誕生

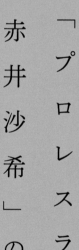

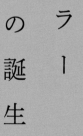

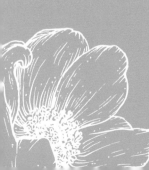

『ラジオ新日本プロレス』のアシスタントに起用される

2012年4月、『ラジオ新日本プロレス』のアシスタントに起用されました。プロレスはわからないけど格闘技に理解があるということで。清野茂樹アナウンサーがMCの番組です。

毎週、新日本の選手がゲストにいらっしゃるんですけど、プロレスのことがまったくわからなかったので、めっちゃ質問しました。「なんでロープに振られて帰ってくるんですか？」とか、「なんで避けられるのに避けないんですか？」とか。矢野通選手に「いつパイプ椅子をリング下に入れてるんですか？」とか、TAKAみちのく選手に「なんでそんな前髪してるんですか？」とか（笑）。なにが失礼で、なにが失礼じゃないかもわからなくて、いま思えばめちゃめちゃ失礼なことを聞きまくっていました。

でも、いまわたしが聞かれたら、答えられます。ロープに振られて帰ってくるのは、その反動を使ってカウンターでなにか技を仕掛けられる場合もあるし、逆に帰ってこないと、ワイヤーなので肋骨が危ない場合もあるから。なんで避けないのかと言ったら、避けられる技は避けるし、まだ自分の体力が残っているのであれば、受けてナンボのお仕事だと思うので受ける。いまの子たちがこれで納得してくれるかわからないですけど。

プロレスの勉強のために、試合もたくさん観に行きました。大阪にも遠征しましたね。好きだった選手は、中邑真輔選手、真壁刀義選手、石井智宏選手。泥臭い感じの人が好きで、真壁選手なんて膝も悪いって聞くから、「なんでこんなにボロボロになっているのに、それでも立ち向かっていくんだろう？」と思ったり。雑草魂と言われていて、それにお客さんは気持ちを乗せて、「この人はただ目の前の相手と闘うだけじゃなくて、いろんなものを背負って闘ってんのや」とか思うと、胸がいっぱいになりましたね。あと、初めて両国国技館に行ったとき、なぜか息苦しくなって「溺れた！」と思ったら、真様（中邑真輔）のオーラで溺れていたこともあります（笑）。

真壁選手にプロレスデビューの報告をしたとき、「プロレスラーは控室を出る瞬間から、控室に帰るまでがプロレスラーだから」と言われたんですよ。リングを降りても控室に帰るまでレスラーでいないとダメだっていう言葉をいただいて、当時は意味がよくわからなかったんです。けど、デビューしてみてその意味がわかりました。さすがだなと思いますね。

新日本のことを喋る上で、他団体のことも知っておいたほうがいいと思って、ドラゴンゲート、ノア、全日本、ＤＤＴ、レジェンドプロレスも観に行きました。

新日本を観るようになって、「今風の人も多いんだな」「真様かっこいい！」とか思うようになったんですけど、ＤＤＴは「え、かわいい！」と思いました。キュートという意味ではなくて、漫画みたいだなあって。お尻を出して闘っている人もいれば、いまだと踊って闘っている人もいるし、パワーポイントで試合中に分析している人もいるし、刺青を入れたヤクザみたいな人がいたり、元お相撲さんがいたり。アパレルメーカーとコラボしたり、アイドルとコラボしたり。いろんな可能性、いろんな面白みがあって、「いちゃダメな人っていないんだな」と思いました。

ＤＤＴを初めて観に行ったとき、試合前、お客さんが銀色の包みを配っていたんですよ。スイートポテトかなにかかと思いました。顔馴染みの人に「これ作ってきたから食べて」みたいな感じかと。そうしたら、選手がリングコールされた瞬間、みんな包みを開けてリングに投げたんです。紙テープだったんですよね。紙テープが舞っている様がすごく綺麗で、感動しました。

紙テープを投げていただく側になってみて、お客さんを含めて、いまこの空間を作っているんだなあと感じます。DDTは「ドラマティック・ドリーム・チーム」の略なんですけど、わたしはお客さんも含めてのチームだと思っているんですよ。東京ドーム大会を開催するとか、業界ナンバーワンを目指すとか、DDTは常になにか目標を掲げていて、お客さんも一緒にそこを目指していると思っています。紙テープひとつとっても、お客さんは空間に彩りを添えて、盛り上げてくれるチームの一員なんですよね。

「プロレスラーにならないか」

2013年3月にラジオが終わっても、プロレスを観続けました。DDTは第1試合からメインまで個性豊かなキャラクターがいて、おもちゃ箱をひっくり返したような団体だなと思っていました。推しはとくにいなかったんですけど、団体全体のことが好きで、よく観に行っていました。

プロレスって、わたしはお仕事で関わることがあったから観てきたけど、普通に生きていたら知らない人がいっぱいいるじゃないですか。そういう人たちが少しでもプロレスを観るきっかけを作りたいなと思って、ブログにプロレス観戦記を書いていたんです。技とか歴史の知識があるわけじゃなかったので、面白いか面白くないかとか、観たままの感想を書いていました。

そうしたら、DDTの高木三四郎社長がその噂を聞いたみたいで、歌舞伎町のエビスコ酒場に呼び出されたんですよ。もしかして「プロレスラーにならないか」と言われるんじゃないかと思って、ビクビクしながら行きました。

お店に入ると、社長、飯伏幸太さん、中澤マイケルさん、KUDOさん、伊橋剛太さんがいました。AV出演の説得をするとき、外堀を埋めるって言いますよね。まさに「埋められてるやん！」と思って、これは逃げ道がないし、絶対にここで曖昧なことを言っちゃいけないと思いました。適当に「楽しそうですね〜」とか言ったらダメだと思って、どんなことを言われたとしても「一旦、持ち帰らせてもらえますか」と言おうと思っていました。

社長に「楽しいよ、プロレス」と言われて、「ダメダメダメダメ！」と内心焦ったんですけど、8月にDDTが「両国国技館大会2DAYS」をやると。1日目が、ファッションブランドや特撮、アイドルなどプロレス以外の業界とコラボする日。2日目は、DDT年間最大のビッグマッチ。まず1日目に、モデルとしてファッションショーに出て、2日目にデビューしてほしいと言われて……。「やっぱり来たか！」みたいな。

その年の4月に愛川ゆず季さんが引退されたばかりで、社長は「女子プロレス界に派手な話題がほしいんだよね」と言っていて、「なんでこの人は男子の団体の社長なのに、女子プロレスの心配をしてるんだろう？」と思いました。飯伏さんは顔見知りだったので、「大丈夫？」と心配してくれましたね。「一旦、持ち帰らせてください」と言って、その日は終わりました。

帰り際、お店にDDTがレスリー・キーさんとコラボしたポスターが貼ってあるのを見つけて、わたし、レスリー・キーさんが大好きで、個展にも行っていたので、「レスリー・キーとコラボする団体なんて、めっちゃイケてるやん！」と思いました。プロレスって、わたしの中で大仁田厚さんのイメージだったんですよ。革ジャンを着て、ビショビショに濡れてて、血が出てて、謎に包帯を巻いている。いま思えばテーピングだったと思うんですけど。あと有刺鉄線とか、パイプ椅子とか。正直、あんまりいい印象はなかったんです。なのに、「ＤＤＴはスマートでスタイリッシュなこともするんだなあ、お洒落やなあ」と思いました。

わたしが好きになったプロレス界のアイデアに応えたい気持ちもあるけど、自分自身の運動神経も知っているし、選手になるのはちょっと……。プロレスって崖っぷちの芸能人が参戦するイメージもあったので、わたしはプロレスにすごくリスペクトがあるから、崖っぷちの人がやるお仕事だと思われるのが嫌でした。それに、わたしは爆売れしているわけでもなかったけど、レギュラー番組も週３本あって、崖っぷちではなかったですし。

でもわたしはプロレスの歴史を知っているわけでもないので、言葉でプロレスの魅力を伝えていくことはできないなあと。それはプロレス芸人さんとかが一生懸命やっているので、じゃあ、自分にできることってなんだろうと考えたら、プレイヤーになることなのかもしれないと思ったんです。あと、それまで死ぬ気でなにかひとつのことをやり遂げたことってないなと。バレー部だって辞めたし、スカウトされて芸能界に入ったけど、太ったりしてオーディションも中途半端だったし。でも生半可な気持ちで芸能人にリングに上がってほしくないと思っていたので、じゃあめちゃめちゃ一生懸命練習して、頑張ればリングに上がってもいいのかなと思ったんです。1カ月くらい悩みましたが、社長に「やるなら一から徹底的にお勉強させてください」と言いました。特別扱いはしないでほしかったです。

母の猛反対

母は爆ギレでした。モデルとかタレントをやるって言うから、背中を押して上京を許したのにって。短大も辞めましたし。母はわたしがプロレスに興味がないことを知っていたので、「絶対だれかがそそのかしている。黒幕がいるはずや」って、DDTのことをめっちゃ調べて、「この高木三四郎ってだれや！」みたいな。「やめて！　社長はなにも悪くないの！」みたいな（笑）。修羅場でしたね。

母は父が試合で事故を起こして、「死ぬかもしれない。助かっても意識が戻らないかもしれない」と言われて、しかもそのときに姉を妊娠していたりして、たぶん嫌な思い出がたくさんあるんです。ましてやわたしは娘ですし、すごく心配だったと思います。「もしやるなら親子の縁を切る」と言われたので、「わかった。切るわ」と言って、縁を切りました。それでも親子の縁なんて切れないと思っていたけど、それくらい覚悟を持ってやりたいことでした。

当時所属していたオスカーの本社で話し合いの場が設けられました。高木社長、当時のマネージャー、わたし、そして母が集まったんですけど、わたしと母が言い争いになって、社長は相当ビビッたようです。でも社長は母に「必ずプロレス大賞にノミネートされるような選手に育てます」と言ってくれたんですよね。「社長がそこまで言うんやったら、考えさせてもらえますか」ということで、母も少し心が動いたみたいです。

それでも母は反対していたけど、もう一度、話し合いには応じてくれました。そこで保険のサインをしなくちゃいけなかったんです。その保険商品の中に、「死亡した場合」という項目があったんですよね。それを見て、母は固まっていました。わたしも「親不孝やなあ……」と思いながら、そうならないために、めちゃめちゃ練習しようと思いました。

父にも報告したら、父はやっぱり闘いの楽しさとかを知っているので、「アドレナリンを楽しんでほしい」と言われました。

両国国技館でのプロレスデビュー まさかの母からのダメだし

デビューに向けての練習が始まり、実際めちゃめちゃ練習しました。飯伏さんの練習場にも行って、中澤マイケルさんと一緒にマット運動から付き合ってくれて。「クロスボディやんなよ」って言ってくれたのは飯伏さんなんです。手足が長いからイメージに合うし、写真にも綺麗に写るということで。たぶんご本人は覚えていないと思いますけど。

練習しすぎて、筋肉痛とダメージで階段も降りられなかったし、電車に乗るのもしんどかったです。しかもデビュー前に膝を壊してしまったんですよ。人一倍、運動神経がないので。テーピングしまくって、ベストストレッチにも行ったり、平田一喜さんとか心配してくれて、膝をテーピングしてくれました。

母は最後まで反対していましたが、DDTを観たことがなかったので、わたしがなんでこの団体を好きになったのか、なんでこの団体の一部になりたいと思ったのか、試合を観てもらったら必ずわかってもらえるという自信はあったので、「両国国技館大会2DAYS」に招待しました。

1日目、わたしはファッションショーに出たんですけど、アフロみたいな頭にされて（笑）。飯伏さんがめっちゃ笑ってて、「覚えとけよ」みたいな。坂口憲二さんも出ていて、母はファンだったので、ご機嫌で「かっこいいわあ！」と言っていて、よかった、よかったと思っていたら、「今日だけだったらいいのにね」と言われて、「ハア……」となりました。

2日目、ついにプロレスデビュー。「福田洋&世Ⅳ虎&志田光ｖｓ赤井沙希&マサ高梨&チェリー」というカードです。アイドルキラーの世Ⅳ虎に最初から狙われて、ボコボコにやられたけど、わたしもビッグブーツを連発したりして、勝利をアシストできました。最後、世Ⅳ虎にメンチを切られたときは、「負けられへん!」と思って、メンチを切り返しました。途中、口から流血したけど、隠していました。

母がどう思ったかすごく不安だったんですけど、試合後に会ったら、開口一番、「メンチが全然弱い」と、まさかのダメ出し(笑)。「あんなメンチじゃ、もうやる前から負けてる」と言われました。あと、「あんたは背が高いし、手足が無駄に長いから、腰が引けてる。部屋にロープを張って、ウィービング(ボクシング用語で、相手のパンチを受けないように体を左右に振る動作)の練習をしろ」とも言われて。少しは許してくれたのかなと、安堵しました。

背が高いので、それまでも「プロ

レスデビューしないか」と言われたことはあったんです。けど、興味ないし、やりたくなかったので断っていました。でもなぜDDTだったらやってみたいなと思ったかと言うと、DDTの可能性がすごいというのと、自分がいままで培ってきたものや経験してきたものが、DDTだったら力になれるんじゃないかと思ったんです。あと、本当にエンタメの力はすごくて、わたしのプロレスに対する固定観念をDDTが壊してくれ

たので、「これだったら世間にもっと広まる可能性があるな」と思ったんですよね。だから、わたしがなんでDDTだったらやってみたいと思ったのか、母に直接見てもらいたかったんですけど、大会を観て伝わったようだったので、嬉しかったです。いまでも心配はしていますが、認めてはくれています。いまも試合が終わったら、「無事です」という連絡は必ずしなさいとは言われていますね。

プロレスラーとしての体型について

デビューするにあたり、体を大きくしないといけないのかな、やだな、だったらやりたくないなと思っていましたが、社長に「むしろ維持してください」と言われました。「みんな一緒にしちゃうと赤井さんに来てもらった意味がないから」って。でも実際にやってみると、しんどかったです。体が大きければ受け身を取るとリングが沈むから衝撃が吸収されるけど、軽いと沈まないから衝撃が全部体に加わるんです。むち打ちになったりもしました。いま小さい女の子とかもやっていますが、衝撃はすごいと思います。

それでも体を大きくしようと思わなかったのは、似合わないから。個人的に女の子はむっちりしているほうが好きなんですけど、わたしがそれくらいのシルエットになるには100kgくらいにしきゃいけない。その人その人にとって、似合うスタイルだったり、一番光る体重や見た目があると思うんです。でもいまだに「あと20kgデカければプロレス界の宝になってたのに」とか言われています。

愛川ゆず季さんとか、芸能をやりながらプロレスをされている方って以前にもいらっしゃったけど、細いままの人はいなかったんですよ。だから従来の女子プロレスファンの方にはめちゃめちゃ叩かれました。「あと30kgデカくしてから出直してこい」とか。でも30kg足してもどうだろう。というか、そこまでやったら体を壊すと思います。

今までの経験がプロレスラーとしての「魅せ方」につながっていった

男子プロレス団体であるDDTで、「唯一の女子レスラー」ということがフィーチャーされがちなんですが、わたしは自分が女性ということを意識したことがないんです。単純に「身長はこの中では高いほうだな」「手足は長いほうだな」と思ったり、あと浮いているというか、プロレスに馴染んでいないところも個性かなと。女性ということは忘れています。

例えば格闘ゲームの『ストリートファイター』で、「春麗、可愛い！」とは思うけど、「女だから春麗を使おう」とは思わないですよね。造形が可愛いとか、蹴りを使いたいとか、そういう理由じゃないですか。性別は個性のうちのひとつとしか思っていなかったから、「男相手にやるには、もっと鍛えなければ！」とか、全然思いませんでした。自分なりの闘い方があるんじゃないかなって。

魅せ方に関しては、これまでファッションショーや舞台やテレビのお仕事で培ってきたものがあるので、自分自身がというよりも、「みんなせっかくかっこよかったり、すごいことをいっぱいしているのに、もったいないな」と思うところがあったので、会社や選手にアドバイスをしたりとか、ビッグマッチにはヘアメイクをつけてもらったほうがいいとか。記者会見は自分が持っている中で一番いいお洋服を着たほうがいいとか。ヨレヨレのTシャツや、毛玉だらけのスウェットを着てくる人が結構いたんですよ。「あり得へん！」と思って。「沙希ちゃんは美意識高い」と言われるんですけど、そうじゃなくて、自分に自信がないから、そういう格好で人様の前に立つのが恥ずかしいというか、申し訳なく感じるんです。ヨレヨレの服で来る人を見ると、逆に「すごい自信やな」と思ったりしました。

記者会見ってなんのためにするかと言ったら、マスコミの人たちにリリースを出してもらって、「ここでこういう試合をするから来てね」というお知らせのためにやっているわけですよね。いまだったら配信されたりもします。狭いプロレス界の中で、自分のファンの人はヨレヨレの服でも来てくれるかもしれないけど、プロレスをもっと広めるためには、かっこいいとか可愛いとか、「え、なにこの写真」でもいいし、いい意味でフックにならないとダメですよね。ちゃんとなんのためにこれをするのか考えてやらないと、それが自分に返ってきますから。

宣材写真や対戦カードの写真もそうです。わたしが入ったとき、みんな真顔で棒立ちだったんですよ。いやいや、プロレスってキャラクタービジネスじゃないですか。決めポーズがある人はそれをやればいいし、わたしは大袈裟に手を添えたりしました。「こいつ、闘う気ある？」みたいな。ゲームでキャラクターを選択するときの写真のようなものなので、その1枚でキャラクターがわかったほうがいい。わたしはYOSHIKIさん、IKKOさん、ピーターさん、田丸麻紀さんをイメージしています。あとはドラァグクイーンの方の写真を見て研究したり。プロレスに興味がある人だけじゃなくて、日常生活でなにかの拍子にその写真を見た人に「なんやこれ」と思ってもらえるようにしなくちゃいけないと思うんですよね。

これはちょっと調子に乗っているかもしれませんが、わたしがそうやってインパクトのある写真を撮るようになってから、他の団体もやるようになってきたんですよ。コスチュームの足の付け根に穴を開けるのも、たぶん日本ではわたしが最初なんです。海外の選手がやっていて、足を長く見せたいから開けたんですけど、いまはもうそれが普通になっていますよね。

CHAPTER

04

DDTプロレスリング所属

赤井沙希です

試合が組まれないことのもどかしさ

2013年8月18日にデビューして、2戦目が11月4日。3戦目が12月23日。かなり間が空いています。初期は試合が組まれないことへのもどかしさが募りました。弱いから仕方ないのかなと思っていました。試合ができることが当たり前じゃないんだなと思ったし、試合をしていないとプロレスラーじゃないんだなとも思いました。

2014年1月26日の4戦目は、大石真翔さんと組んで、世Ⅳ虎&大鷲透さんと対戦しました。デビューから4戦目までに半年かかっているんですよね。試合は世Ⅳ虎のダイビング・セントーンで3カウントを取

られて、初黒星。テレビとかでプロレスの話をしてくださいという仕事も増えたけど、4試合しかしていないから、プロレスラーを名乗ってトークなんてできないし、ようやく組まれたと思ったらボロ負け。ダサいなと思いました。

自分になにができるんだろうとか、気持ちだけあっても体がついてきていないなと思って、悩みました。リング練習は受け身とか基本的な動きとか、ずっと基礎を練習するだけなので、なにか個性を作らなきゃいけないなと思いました。でも当時、特別扱いされていて、みんな仲間だけど直接の先輩でずっと教えてくれるような人がいなかったんです。自分で動かなきゃと思って、ファン時代から打撃が好きだったし、ボクシングの家系というのもあるし、石井館長が「まずはパンチから」と言っていたのも思い出して、打撃を磨こうと思いました。

ヤジをとばしていた坂口征夫さんが まさかの「師匠」に

2戦目で組んだ坂口さんに「わたしに蹴りを教えていただけますか?」と言ったら、「自分は見ると決めたらちゃんと見ます。厳しいですけど、ついてこられますか?」と言われて、「頑張ります」と言ったけど、内心、怖っ!と思って。「契りを交わしたのかしら、これは」とか(笑)。坂口道場に通うようになったら、実際にすごく厳しくて、何回も泣かされましたが、ちゃんと教えてくださるし、責任感もある方なので信頼しています。あとお父様が偉大な方というのもあって、わたしと似た悩みを抱えていらっしゃったこともあるみたいなので、絆はありますね。

そう言えば、『ラジオ新日本プロレス』に出演していたとき、獣神サンダー・ライガーさんと高橋ヒロムさんがDDTに参戦したので、応援に行ったんですよ。対戦相手は彰人&坂口征夫。

DDTは可愛い団体だなと思っていたので、坂口さんに対して「こんな刺青男、可愛さ台無しやん」と思って、ブーイングしました。試合は彰人さんがヒロムさんに勝ったんですけど、試合が終わったあと坂口さんがライガーさんに飛び掛かったんですよ。それでわたし、「試合中にやれ！　ゴング鳴ってんだろ！」とか野次を飛ばしたんですよね。

その人が、まさかのちのお師匠様になるなんて、夢にも思いませんでした。

ユニット「酒呑童子」の誕生

2014年3月、酒呑童子というユニットが誕生しました。メンバーはKUDOさん、高梨将弘さん、坂口さん。お師匠様がメンバーということで、わたしは妹分みたいな感じで組ませていただくことが増えて、可愛がっていただきました。試合が終わると、お酒を飲むんですよ。よくないユニットですね（笑）。

わたしも組んだときに一緒に飲んだんですが、本物の日本酒でびっくりしました。

デビューして間もない頃、ファンの方から「選手と付き合ってるんでしょ」「ファンだから近づいたんじゃないの？」とか、結構言われたんです。だから若い選手と喋っている姿をお客さんに見せないようにしていました。

酒呑童子のみなさんに「わたしがみなさんの近くにいるとご迷惑をおかけしちゃうので、離れたほうがいいですよ」と言ったら、「そんなもんで俺たちの人気が終わったら、それまでだよ」と言ってくださったんです。かっこいいなあと思いましたし、プロレスラーとして認めてもらえたように感じて嬉しかったですね。

正式メンバーではなかったのでセコンドにつくことはなかったのですが、いつもゲートの端から試合を見ていました。わたしの立場で、どうやったらこの人たちを光らせることができるだろうか、ずっと考えていました。

見た目は怖い感じなんですけど、中身は優しい人たちだから、怖さと可愛さのギャップを出したら、ファンの人は喜んでくれるんじゃないかなと。本人たちが嫌がらない程度のことで、なにかできたらなあと思い、自分のアイデアでいろいろやらせていただきました。

クリスマスのときは、みんなに「サンタさんの格好してください」と言って、酒呑サンタにしたり。あと酒呑童子興行のポスター撮影とか、やっぱり和なイメージだから、男性だけど花魁にしたり。わたしが知っているスタジオに片っ端から問い合わせました。

坂口さんには「もっと好き勝手やんな」と言われましたが、メインは3人なのでという意識でずっといて、あまり出しゃばらないようにしていました。酒呑童子は他のユニットよりも絆が強い気がするんです。ユニットとか仲間の大切さを教えて

もらいました。

最初は「なんでプロレスラーなのにつるむんだろう？」と思っていたけど、プロレスは他の競技と違って、タッグベルトがあったりするので。チームワークがあると、より盛り上がったり、強くなれたりする競技なんですよね。

酒呑童子に入りたいとは思わなかったんですけど、途中から「わたし、見ているだけでいいのかな？」という思いがどこかで生まれて、ユニットに対する憧れが芽生えました。

ＤＤＴドラマティック総選挙

２０１４年秋、「ＤＤＴドラマティック総選挙２０１４」が開催されました。ファンの方の投票で順位が決まるのですが、試合があまり組まれていなかったので、「まずは覚えてもらわなきゃ」という気持ちと、「わたしなりに盛り上げたい」という気持ちで、選挙活動を頑張りました。

とは言え、試合がないので、やれることは限られています。でも選挙と言えばポケットティッシュかなと思って、試合は組まれていないけど、自分で作ったポケットティッ

シュをお客さんに配りに行きました。入場時とか、休憩中に客席にも配りに行きましたね。

当時は選手のみんなともそうだし、お客さんとも距離があるなと感じていたので、そういうやり方で距離を縮めようとしたんです。あとティッシュなら持って帰れるし。わたしのことが嫌いでも、鼻は噛むじゃないですか。普通にティッシュとして使ってもらってもいいなと思っていたんですけど、いまでもそのときのティッシュを大事に持ってくれている人もいるみたいで、ありがたいです。

総選挙の結果は、6位。嬉しかったですね。

お金とDDTへの愛について

オスカーに所属していたときは給料制だったので、どれだけ試合をしても、どれだけグッズが売れても、プロレスでのお給料はもらえませんでした。ファイトマネーのためにプロレスをやっていると思われたりもしたけど、1円ももらっていなかったんです。儲けようと思ってプロレスを始めたわけじゃないんですよね。

プロレス大賞の新人賞をもらったときの賞金も、オスカーに「これはわたしがプロレスを頑張ったからもらえたお金なので、わたしはいらないからDDTにあげてください」と言いました。救急箱を買うとか、練習用のマットを買い替えるとか、そういうために使ってほしかったんですけど、DDTに伝えたら「いやいや、それはもらえません」と言われて。いや、むしろ使ってほしかったですね。

本当に、愛でしかやっていなかったです。

DDTじゃなかったら、わたしは絶対にプロレスをやっていませんでした。なぜDDTだからやっていたのかと言うと、みんなが可愛いからかな。みんなの中にDDTっぽさというものがそれぞれあって、それを大事にしていたりとか。みんな文句ばっかり言ってるんですよ。それでもDDTを好きでいるし、文句を言いながらちゃんとやることやっている。恐怖政治でやっているわけじゃなくて、みんな自身がDDTを好きだからやっているんです。

「今年は売上がよかったから、みんなにお小遣いだ」って、お小遣いが配られたことがあるんですよ。そうしたらその後、「あげすぎた」って、DDTが潰れかけたんです（笑）。組織としてはあり得ないけど、でもそういうところが本当に可愛い。

2016年3月、DDTドラマティックアワードで「ベスト女子レスラー」を受賞したんですが、「女子ってわたししかいいへんやん！」っていう（笑）。そういうのも可愛いなあと思います。

2022年6月のサイバーファイトフェスで、DDTとノアの対抗戦がありました。その試合で中嶋勝彦選手の張り手が、当時KO-D無差別級王者の遠藤哲哉さんの顔面をとらえ、脳震盪でレフェリーストップに……。そのときも、DDTのみんなは泣いていました。「この子は泣かないだろう」っていう子もボロボロ泣いていて、もう愛おしくて……。みんなが自分の好きなDDTを守ろうとしているから、わたしもその子たちを守ってあげたい。わたしは他の選手と同じようなことができるわけじゃないから、わたしにしかできない形や方法で、守ってあげたいと思いましたね。

高木三四郎社長の存在

あと社長の存在も大きいです。高木社長の近くにいると、大変だけど、面白いものが見られるんですよね。みんな社長が好きで集まってきているから、やっぱり人に好かれる才能があるんだと思います。

こんなにDDTのことが好きなのに、試合が組まれなくて、家で泣いたこともあります。最初の頃、全然試合が組まれなかったので、「腹くくってやってんのに、なんで試合が組まれないんだろう」って、悔しかったですね。「女子だから」と言われたりしたけど、単純に女子、男子とかじゃなくて、弱いからだろうなと思っていました。カードのバランスが取れないから。「男の子が羨ましいな」と思ったりもしましたね。

試合順はずっと前のほうでしたが、それは全然気になりませんでした。むしろ第2

試合とか第3試合とか、大事なパーツだと思っています。「なんでメインじゃないんだ?」なんて、まったく思いません。

DDTの一部になりたいと思っていたので、試合さえ組んでもらえれば何試合目でもよかったです。それぞれの試合に役割があって、第1試合ではお客さんを注目させて、第2、第3試合では箸休めじゃないけど、ちょっと場を和ませたり。興行としての波を作るために、大事だと思うんですよ。第1試合で若手同士の真面目なシングル。第2、第3試合でわたしが出て、「おー、お姉ちゃんがいるぞ!」みたいな感じでした。

男色ディーノのお尻を味わった10年間

この10年間、男色ディーノさんのお尻を味わない年はなかったと思います。会社とかで「10年一緒にお仕事をしている」という人もいると思うんですけど、だれもお尻の匂いは知らないと思うんです。それも含めて仲間というか、犬みたいな感じですよね。元気かどうか、匂いで知る（笑）。

匂いでしんどいというよりも、お尻って、汗とか涙とかいろんな排泄物の本線というか……。そういうところに、これだけスキンケアがどうのこうの言ってピーリングしている顔に当てられるというショックが一番大きいですね。

ちなみにGMの今林久弥さんのお尻にも顔を突っ込んだことがあって、ここだけの話、そっちのほうがきつかった……。ディーノさんのお尻は、攻撃に使われるかもしれないプロのお尻なんです。今林さんのお尻は、そんなつもりないじゃないですか。そっちのほうがリアルできついんですよね。

「プロレス大賞」で女子初の新人賞 アンチからの強烈な「叩き」

2014年12月8日、東京スポーツ新聞社制定「プロレス大賞」で女子初の新人賞に選出されました。「わたしでいいのかな?」と思いつつ、新人賞って東スポさんからの「この先、頼むで！」という意味合いもあるじゃないですか。「新人賞もらった、やーめよ」なんてできないので、責任あるものをいただいたなと思いました。

バッシングはすごかったです。スターダムのロッシー小川さんも「タレント活動していれば取れるのか。ビジュアリスト賞に名前を変えたほうがいいんじゃないか」とツイートしていました。12月23日にスターダム参戦が決まっていて、ロッシーさんにはご挨拶して「今度よろしくね」と言っていたのに……。なんで自分の団体に上がる選手をそんな風に叩くんだろうと思うと、プロレス界ってやっぱりわからないなと思ったし、女子の団体って苦手だなとも思いました。

女子プロレスファンの方にも「あれって女子も狙える賞なん？　だったらなんで俺の推しじゃなくて、赤井が取れんの？」とめっちゃ叩かれました。

Ｔｗｉｔｔｅｒ（現Ｘ）には大量のＤＭが来て、「死ね」とかも毎日来ていたし、「早く世Ⅳ虎にボコボコにされてください。顔が変わるのを楽しみにしてます」とかも。そのＤＭを送ってきた人が、紫雷イオさんのアイコンだったんですよ。それでわたし、一時期、イオさんが怖くなってしまいました。イオさんが言っているわけじゃないのに、さすがに参りましたね。

女子の団体からも嫌われていたと思います。女子プロレスラーの集合写真で、わたしだけ切られたりとか。面白くなかったんだと思います。男子の団体で、女子と試合するわけでもないのに、女子の括りで。いまでも「チヤホヤされてそう」とか言われることはあります。全然チヤホヤされていないんですけどね。最初の1年くらいはゲストとして扱われていましたが、いまじゃもう後輩もタメ口だし、「ねえ、おばさん」とか言われるし（笑）。

みんなのパンツが集まった「元気玉」

2014年12月13日、春日部大会で、休業カウントダウン中の中澤マイケルさんと組んで、高木三四郎&大鷲透組と対戦しました。

マイケルさんには自分のパンツを相手の顔に当てる「アルティメット・ベノムアー

ム」という技があるんです。大鷲さんに秒殺されて落ち込んだマイケルさんが、「オラに力をくれ！」と言ったら、会場中の有志のパンツが集まってデカい「元気玉」になったんですよ。今林さんやリングアナウンサーの井上マイクさん、スタッフみんなのパンツが集まって、もうどれがだれのだかわからない状態。その元気玉をなぜかわたしに渡されて、誤爆したんですよ……。大量のパンツがパーッと散りました。すごい湿っぽくて、ほんとうに嫌でした。

なにが赤井沙希は「強く、気高く、美しく」だと思いましたね（笑）。まあ、自分自身はちゃんと綺麗にしなきゃと思うけど、DDTにそれを求めてはいないんですけどね。元気玉は思い出深いです。

ワールド・オブ・スターダム王座への挑戦

わたしがDDTの物販スペースに立っていたときのことです。突然、世Ⅳ虎が乗り込んできて「わたしとやれ！」と言ってきて。それで世Ⅳ虎が持つワールド・オブ・スターダム王座に挑戦することになりました。スターダムのファンの方にものすごく叩かれて、「おめえが赤いベルトなんて100年はえーよ」と言われて。

そこで初めてそのベルトが赤いことを知りました。

2014年12月23日、当日もいろいろと刺激が強かったです。挨拶をシカトされたりとか……。けど、下を向いていたら、一人だけ「おはようございます」と言ってくれた人がいて、「え？」と思って顔を上げたら、彩羽匠がいたんですよ。それでもう、「好き!!!」となりましたね。美しいなと思ったんです。いまでも大好きです。あのとき素敵だなと思った人とは、いまも繋がっていますね。

坂口さんやディーノさん、大石真翔さんとか先輩たちが観に来てくれて、DDTのお客さんもたくさん来てくれたんですけど、やっぱりアウェイなので、そんなキャラじゃないと思っていたのに初めてブーイングされました。心が折れそうになりました。

それに、世Ⅳ虎にはめちゃめちゃセコンドがついたのに、わたしは一人ぼっちでした。「ああ、美しくない構図だな……」と思いましたね。そんな中、坂口道場のご縁で木村響子さんがセコンドについてくださって、それがものすごく心強かったです。「セコンドってこんなに力をもらえるんだ」というのが勉強になって、自分もいつかセコンドにつくことがあったら、こういう風にしてあげたいなと思いました。

試合が始まって、わたしが攻撃したら、むこうのセコンドがめっちゃ野次ってきたんです。

「キャリア1年の新人にそんなこと言う?」と思いましたね。

なんだか動物園みたいで、本当に美しくないなと思いました。それからは、DDTに女子の選手が上がってくれるとき、「セコンドはつかなくていい」と言っています。一人で来てくれたら、わたしも一人でちゃんと対応しようと決めました。

しんどいしんどい試合でしたが、ファンの心強さも感じたし、いい経験にはなりました。

初のベルト戴冠

2015年1月3日、アイアンマンヘビーメタル級王者のヨシヒコさんと6人タッグマッチで対戦しました。アイアンマンは「24時間、いつでもどこでも、レフェリーさえいれば王座が移動する」というハチャメチャなベルトです。しかも挑戦資格はプロレスラーに限定されないので、過去にはファンの方とか、焼き鳥がチャンピオンになったことも。

ヨシヒコさんは〝ピープルズ・バトルドール〟で、身長120㎝、体重400gと超軽量級。飯伏さんとのシングルが世界中で賞賛された選手です。

それまで「ヨシヒコー！」とか叫んでいたお客さんたちが、わたしとヨシヒコさんが対峙した瞬間、ザワザワッとしました。「大丈夫か、おい」「できるのか」みたいな。「みんな、冷めさせちゃってごめん」と思いながら、ヨシヒコさんの技を受け切って勝ったら、「おー！」みたいな（笑）。

初めてのベルト戴冠は嬉しかったですね。でも直後にアジャコングさんの襲撃に遭って、戴冠1分足らずでベルトを落としてしまいました。

プロレスの奥深さを感じたたし、ヨシヒコさんと闘えて光栄だったんですけど、もうあんまり絡みたくないですね。タッグだったらいいけど、シングルは絶対嫌です。強

敵すぎます。

２０２３年５月、東京女子プロレスの中島翔子がヨシヒコさんとシングルマッチをやったんですよ。ものすごくいい試合だったんですけど、わたし実は「翔子ちゃんはできるよね」と思っていました。

元々、翔子ちゃんはお笑いをやっていて、「今度ライブに出ることになった」と言うから、観に行ったんです。コンビを解散して、一人でなにかやるって言うけど、喋りも上手じゃないし、引っ込み思案で、人前に出るのもそんなに得意じゃないから、心配で。

中野のライブハウスに一人で行って、「大丈夫かな。あの子、ちゃんとお笑いできるかしら」と思って見ていたら、翔子ちゃん、大きいテディベアとプロレスを始めたんです。「すごい。もっとこういうことをやればいいのに」と思いました。デビュー間もない頃から、彼女はできていたんですよね。

山下実優と中島翔子

同じグループの東京女子プロレスにも初期から参戦しました。わたしがデビューした2013年に東京女子も旗揚げしたので、わたしのプロレスラー人生は東京女子と歩んだ10年間でもあるんです。

同期は山下実優と中島翔子。ずっと一緒に練習していましたが、翔子ちゃんとは一回、喧嘩をしたことがあります。

地方でシングルをやって、まだお互いデビューして1年くらいだったので、緊張でガッチガチでした。試合が終わったら、翔子ちゃんがどこにもいなくて。試合は確かにしょっぱかったんです、お互い。でも、まずは怪我をしていないかどうかが大事じゃないですか。どこを探してもいなくて、だいぶ時間が経ってから、泣きながら部屋に戻ってきたんです。「大丈夫?」と聞いたら、「試合が上手くいかなかった」と。わたしはそれを聞いて、「まず、怪我していないかどうかとか、『試合ありがとうございました』とか、そっちじゃないの？　心配したやんか！」って泣いて。翔子ちゃんも「ごめんね」って泣いて。わたしも「いいよ、またやろうね」とか言って泣いて。三十前のいい大人なのに（笑）。

山下は、わたしとちょっと性格が似ているんです。山下のほうが過激で、わたしはまだマイルドだけど、根本は似ているところがありますね。

例えば新人が入ってきたときに「赤井さんと山下さんは、絶対すぐ好きになるだろうなって子が入ってきましたよ」とか言われて、「ちょっと一緒にしんといてくれる？」って思うけど、大体「めっちゃ根性あるやん、いい子やんか！」ってすぐ好きになっちゃう。すぐ信用してすぐ好きになって、すぐ傷つくっていうのが山下と同じなんですよね。あと二人とも、お互いムカついて言い合ったとしても、5秒後にもう忘れてる。似てるんですよね。

翔子ちゃんもわたしの家に来たことがあるし、山下も来たことがあります。わたし、人を家に呼ぶのが大嫌いなんですけど、翔子ちゃんはずっと一人暮らしをしていて、ツナ缶とかサバ缶ばっかり食べていると聞いて、わたしご飯を作るの好きだから「だれかのために作りたいからおいで」と言ったんです。お酒もちょっとだけなら飲めるっていうから、自分は炭酸系を飲まないのにワクワクしてスミノフをいっぱい用意して。翔子ちゃんがテレビを観ながらご飯を食べる後ろ姿を見て、「えー、嬉しい。わたしが作ったご飯が翔子ちゃんの筋肉になって、いい試合ができたらいいな」と思いました。レスラーの彼女ってこういう気持ちなんですかね。

山下は、試合の帰りに喋り足りなかったのか寂しかったのか、「家行っていいっすか」と言われて、まあいいかと思って連れて来ました。ナノスチームイオンに当たって、パックして、ツルツルになって帰って行きました（笑）。うちに来たことがあるレスラーは、その二人だけですね。

「赤井沙希、天龍源一郎に怒られ大号泣」の真相

東スポの一面に「赤井沙希、天龍に怒られ大号泣」という記事が載ったことがあります。でも実は……。真相をお話ししますね。

2015年8月23日、両国国技館大会で、初めて天龍源一郎さんと組むことになりました。「天龍源一郎&高木三四郎&赤井沙希vs石川修司&樋口和貞&里村明衣子」というタッグマッチです。

その前にニコニコ超会議があって、天龍さんと坂口さんが闘ったんですよ。試合後、メンチを切り合っていて、天龍さんが坂口

さんにペットボトルを投げたら、坂口さんがよけたんです。それにもまたムカついたみたいで、試合後に天龍さんが「征夫、呼んでこい」と言って。坂口さんは「ふーん」みたいな感じでしたね。

そのあとわたし、天龍さんにばったり会ったので、「今度の両国よろしくお願いいたします」と言ったら、「◎△$♪×¥●&%#?!」みたいに聞こえたので、「え?」って聞き返したら、バコーンって殴られたんですよ。痛っ!と思って。いっぱい人を殴ってきた手だから、分厚いんです。天龍さんはまた「$♪×¥●%」と言いながら帰って行きました。言ってることが一言もわからなかったし、なんで殴られたのかもわかりませんでした。

でも天龍さんのスタッフさんたちが「大将、機嫌いいわ」と言っていて、「ご機嫌で殴るって、どういうコミュ

ニケーションなん？」と思いましたね……。

坂口さんは「俺が行かなかったから、代わりに赤井さんが殴られたのかな」と笑っていて。控室で「いま、天龍さんに殴られました！」と言ったら、みんなに拍手されました。「え、どういう職場？」と思いましたね。

試合当日、相手は里村さん、樋口くん、石川さん。みんな強すぎる選手ばかりなんです。そこでわたしはボコボコにやられて、初めて首を負傷しました。

天井を見たら、『ドラえもん』の四次元の世界みたいになっていて。タイムマシンに乗ったときに、時計がうにょっとなるやつ。あんな感じに見えて、それでも必死に闘っていたら、天龍さんが「上がってこい」と。またごにょごにょ言ってきて。

「よく見てみろ。いま、三四郎が闘ってるだろ。こいつは自分のことしか考えてない。プロレスラーっていうのは、もっとお客さんのことを見たり、その場が盛り上がるこ

とを感じ取ってやんなきゃダメなんだ」と言われました。

その言葉だけはなぜかめっちゃちゃよく聞こえたんですよね。

試合後、わたしは初めて天井がうにょっと見えたものだから、怖くて泣きながら戻りました。天龍さんは汗だくになりながら、「サウナ代が浮いたよ」と。どういう意味なんだろうと思ったけど、たぶんあれは天龍ギャグです。そのあとも首が痛くて泣いていたら、次の日、「天龍に怒られ号泣」と書かれたんですよね。

説教なんてされていないんですけど、まあ、説教で泣いたほうが美しいと思ってもらえるならならそっちで、みたいな。簡単に説教してもらえるほど、甘くないですよ。自分が感じ取っていろいろ勉強しないといけない世界だと思います。

外見のコンプレックス

前述したように、子供の頃から身長がコンプレックスだったし、顔もコンプレックスでした。目が離れているとか、鼻が高くないとか。

バラエティー番組に出ていた頃は『小悪魔ａｇｅｈａ』が流行っていたので、まつ毛は長ければ長いほどいい、カラコンはデカければデカいほどいい、髪は盛れていれば盛れているほどいい、みたいな感じでした。目は「ここまであったらいいな」というところまで描いていて、粘膜まで真っ黒にするから、鼻を噛んだらアイラインが出てきたことも。「あ、繋がってるんや」みたいな（笑）。

人間味がなければないほどいいと思っていて、艶とか気にしないで、肌はマット中のマットが好きでした。「ハイライトってなんのためにするの？」と思っていたし、パールとか絶対嫌で、チークもポン！みたいな。シェーディングもすごかったです。お人形さんみたいになりたいと思っていました。

いまでもマットは好きなんですけど、試合中にマットなんかにしたら、汗で削れて取れちゃうし、顔面ウォッシュされたらファンデーションが靴に持っていかれます。試合中につけまつ毛が取れて、虫かと思ってびっくりしたこともありますね。

プロレスラーになって、いつまでもお人形さんではいられなくなりました。360度見られる仕事だから、「この角度から撮って」というわけにはいかないんです。お客さんが撮ってくれた写真を見て「うわ！　めっちゃブスやんか」と思うことも多いし。そういう自分を受け入れるしかないなと思うと、見慣れましたね。もう気にならなくなりました。

いまでも誰かを見ている分には、お人形さんみたいなメイクが好きです。でも自分には似合わないことに気づいて、いまは顔のバランスやパーツの大きさよりも、言葉を包まずに言うと「ブスでもいいから肌が綺麗でいたい」と思う。化粧はケバいのが好きだからやり続けますけど、顔は個性だから、顔の造形にこだわるよりも素肌を綺麗にしたいです。

わたしは必要とされていないんじゃないか

試合が組まれなかったことで、「わたしはＤＤＴに必要とされていないんじゃないか」と感じて、辞めようか悩んだこともあります。プロレスラーとして腹を括っているので、試合がないと「わたし、何者？」と思ってしまうんですよね。

月に1回だったこともあるし、波がありました。

トーナメントが始まったり、リーグ戦があったりすると試合数の関係でどうしてもあぶれたりして、わたしはＤＤＴ以外でプロレスをやるつもりもないから、もう潮時なのかなと思ったりもしました。

わたしは愛でしかプロレスをやっていないから、こじらせると大変です。メンヘラになっちゃう。むしろ金銭関係があるほうがビジネスとして考えられるけど、愛で動いているから大変なことになるんですよね。恋愛と一緒です。

「わたしはこんなにＤＤＴのことを思ってんのにさ、なんか薄くない？」みたいな。

たり。

「ほな、もういいわ。わたしがいなくなって、わたしの大事さに気づくがいい」と思ったり。

そう思っていたら、ぽんと試合が入ったりして、「よっしゃ！　頑張ろう！」みたいな（笑）。本当に恋愛と同じだと思います。

引退直前までありましたよ。「え、なんでここにわたし呼ばへんの？」みたいな。一見のお客さんがいっぱい来るところで、これだけカード数があって、わたしはスケジュールを空けているのに。試合の日は全部空けているんですよ。一見さんに「え、なに、このお姉ちゃん」と思ってもらうチャンスなのに。わたしのことをもっとうまく利用すればいいのに、とはずっと思っていました。

辞めるべきか続けるべきか悩んでいたけど、やっぱり試合をするとやりたくなっちゃう。彼氏と会っていると、そのときは悩みがなくなるのと同じです。試合をしていると試合に集中するから、そういう悩みも忘れていましたね。

痴漢さん、今はほっといてくれ

静岡で大会があったとき、飯伏さんが当日急遽欠場したことがありました。わたしは家のベッドで寝ながらその発表を見ていたんですけど、Ｔｗｉｔｔｅｒ（現X）を見たら「楽しみにしてたんだけどな」「飯伏が出ないなら払い戻ししよう」とか、そういうコメントが多くて。横になっているわけにはいかないと思って、とりあえず静岡に行くことにしました。「飯伏の試合はないけど、赤井沙希が見られるんだったら払い戻しせんとこう」と思える人が一人でもいたらいいなと思って、東京駅に向かいました。

そうしたら松井幸則レフェリーから連絡が来て、「いまどこにいますか?」と言われて、「東京駅に向かってます」と言ったら、「コスチュームは?」と聞かれて、「持ってないです」と答えると、「取りに帰ってください」と。一応、コスチュームを持っていけばよかったのに、馬鹿だから着の身着のまま向かっちゃったんですよね。

取りに帰って新幹線に乗ったら、降りる間際で痴漢に遭ったんですよ。お尻を触られたんですけど、「いま急いでるからほっといてくれ」と思いました。「キャー」とかじゃなくて、「いまはやめてくれ」みたいな。

浜松駅で降りて会場に着いたら、すでに開場していてお客さんは並んでいました。スーツケースを引いて走っていたら「あ、沙希ちゃん」と言われて、「どこから入ればいいの？」「みんなあっちに行くよ」「ありがとう！」みたいな。バーッて着替えて、「第何試合ですか？」と聞いたら「第3試合」と言われて、早っ！と思って。

それで試合をしたら、「赤井沙希を見られてラッキー」という人もいて、よかったなと。

大会が終わって、巡業の中日だったからみんなはバスに乗って、わたしはもちろん試合がないから「いってらっしゃい」と見送って。

わたしは一人でまた新幹線に乗って東京に戻りながら「えっ、めっちゃ寂しい……」みたいな（笑）。

わたしはＤＤＴやプロレスをお客さんを繋ぎ止める「なにか」になれればいいなと思っています。わたしがきっかけで他のＤＤＴのすごい人たちを食わず嫌いにならずに見てもらえたら、必ず好きになってもらえる自信があるんです。

わたしはべつに推し変されても全然いいんですよね。

試合が組まれなくてもセコンドにはつく

試合がなくてもセコンドのために行ったりもしました。最初は社長に「セコンドについちゃダメ」と言われていたんです。

「赤井さんを見られる特別感を持たせないと」って。だからイラプションを結成するまで、セコンドについたことなかったんです。キャリア5年目でセコンドの仕方がわからなかったんですよね。

セコンドにつくときは、めっちゃ考えながらやっています。しんと静まって、男くさい攻防のときに、女性の甲高い声が聞こえたら場が壊れるかなとか思うときは、黙って心の中で応援したり、低めに声を出したりして変に悪目立ちしないようにしていますね。

「岡谷英樹vs勝俣瞬馬」のハードコアマッチが行われたとき、坂口さんとわたしがセコンドについたんです。ルールは「刺さるデスマッチ」で、〝刺さる〟ものであれば公認凶器として使用可能。さらに、通常の決着に加え相手の耳にピアスを3つ開けた場合も勝利となるルールもありました。

わたしが「岡谷ー！」って言ったら、サボテンが飛んできたんですよ。わたし、「ギャー！　いやあ！」とか言っちゃって。岡谷くんが負けちゃって、心配だったけど画びょうがいっぱい落ちていたからリングの中には入れませんでした。

終わってから「大丈夫？」とか言いながら、画びょうを抜いてあげましたね。感触的には、消しゴムに画びょうを刺して遊ぶじゃないですか。それを抜く感じと一緒……。

わたしが出している化粧品は傷跡も治るので、「使いな」とか言って。

デスマッチはわたしは本当に無理ですね。


ディーノさんが大阪で葛西純さんとシングルマッチをやったとき、頭に竹串が刺さったりしている姿を見て、わたしは思わず泣いてしまいました。いつもハッピーで面白くて、熱い試合をしている人が、血まみれになってて、「なんでディーノさんがこんな思いをしなきゃいけないの?」って。

プロレスを経験したことがない人たちは、その技を受けたことがないから、痛いのかどうかよくわからないじゃないですか。

でも、刺さったりすると、その痛さがわかりますよね。そういうところがデスマッチは面白いのかもしれないけど、わたしはホッチキスが指に刺さるだけで「ギャー!」って泣き叫んじゃうので、本当に無理。

大仁田厚さんからの「沙希ちゃん、電流爆破やろうよ」

オファーもあったんですよ。大仁田厚さんに「沙希ちゃん、電流爆破やろうよ」と言われたこともあるんですけど、私のファンの方は見たくないですよね。プロレスファンは喜ぶかもしれないですが、世間の人は「プロレスってここまでやらなあかんの?」って、引くと思うんです。

もちろんその文化を否定はしません。やりたい人、できる人、求められている人が適材適所でやればいいと思います。

わたしがやるとなったら、ひとつの波はできるだろうけど、その道のプロフェッショナルには敵わないので、変にそっちの畑を荒らさないほうが絶対いい。デスマッチは一生やりません!

2023年8月、岡谷くんと坂口さんが電流爆破をやったんですけど、「鼓膜が破れるし、火傷するから今回はセコンドにつかなくていい」と言われて。「え、どこの世界で闘うの？　みんなは大丈夫なの？」と思いました。わたしは終わったあとに保湿のケアをしたり、破片を抜いたりすることしかできなかったですね。

子供の頃からビビりで、大きな音が苦手なんです。運動会の「よーい、ドン！」も耳を塞いで、みんなが走っているのを確認してから走り始めました。だから電流爆破も絶対無理です。

沙希様について

2015年3月頃から、東京女子プロレスで私に〝そっくり〟な沙希様が清水愛ちゃんと「美威獅鬼軍」というユニットを結成して活動を始めました。東京女子の醜い選手たちを粛清し、美を広めるためにフランスから来日されたパリジェンヌレスラー、沙希様。今はメイドのメイ・サン＝ミッシェルさんと一緒に、東京女子マットを席捲していま す。

沙希様を見ていて、「わたしもあれくらい自信が持てたらなあ」と羨ましく思います。周りにも、「なんで赤井沙希ちゃんはもっと堂々とできないの？」と言われます。わたしとしても、沙希様くらい堂々として、「わたしのために世界は回っているのよ」くらいの感覚でいたいなと思うけど、すぐ焦っちゃうし、「この人、傷ついてないかな？」「迷惑かけてないかな？」とか考えちゃうんですよね。

お客さんが撮った写真を見ても、沙希様はどの瞬間もお美しいんですよ。わたしは恐れ多くも「似てる」とは言われますが、めちゃめちゃブスな写真がいっぱいあるので、どうしてこうも違うんだろうと思います。沙希様の美しいフォールの写真がＴｗｉｔｔｅｒ

（現Ｘ）でバズったりもしていましたね。

２０２２年３月19日、東京女子プロレス両国国技館大会の入場はすごかったです。それまでの美威獅鬼軍のメンバーが揃って、オペラで入場されたんですよね。両国国技館とプロレスに似つかわしくなく、かつ美威獅鬼軍らしい入場でした。聞くところによると、映画『ハウス・オブ・グッチ』にインスパイアされたそうです。ＧＵＣＣＩ一族の崩壊のシーンで、そのオペラが流れて

いたとか。美威獅鬼軍も一族みたいなものなので、初めて見た人にもその歴史が一目でわかるようになっていました。あの入場は素敵でしたね。

沙希様は今後どうなっていくのか、わたしにはわからないのですが、元々、東京女子に所属されていた方じゃないので、もし仮にいなくなったとしても、世界のどこかでまた怒って文句を言って、仲間を増やしたり、沙希様とメイ・サンらしいことをするのかなと思います。

赤井沙希プロデュース興行『ＤＤＴ ＣＯＬＬＥＣＴＩＯＮ』

２０１８年3月14日、新宿ＦＡＣＥで1日ＧＭとして興行をプロデュースすることになりました。

『ＤＤＴ ＣＯＬＬＥＣＴＩＯＮ』という名前にしたので、開場からずっとファッションショーの映像を流したり、パリコレを意識した演出にしました。本当は会場に匂いを焚きたかったんですよね。入った瞬間、匂いでその世界に入る感じにしたかった。でも匂いは難しいということで、だったら照明と映像と音にこだわりました。

わたしの大好きなＤＤＴをもっと知ってもらうために、プロデューサーであると同時に、いちファンとして見たいものすべてを詰め込んだつもりです。例えば「しゅわしゅわマッチ♡」は、フォールを返されたりロープエスケープされたりした場合、返されたチームがシャンパンを飲まなければいけないというルール。佐々木大輔＆遠藤哲哉ｖｓ葛西純＆ＤＪニラというカードです。他団体の選手にも「ＤＤＴだからこういうふざけたことができる」と楽しんでほしかったし、そうやって楽しんでいる選手を見て、お客さんにも楽しんでもらえたらなと思って試行錯誤しました。

でも、プロレスラーをまとめるのって、本当に大変！　みんなワガママばっかり言うんです。お酒を用意するのもわたしだったし、「何時にだれだれ選手が来るからご案内してください」とか、「え、それわたしがやらなあかんの？」みたいな。わたしの自主興行じゃないから一銭も入らないのに……。偉い人にも「赤井さん、これどうしますか？」とか聞かれて、パニックになって大会直前に泣きました。「なんでみんなわたしに聞くんだよー！」って。

樋口くんとか坂口さんが心配してくれて、「もっと人に仕事を振ることを覚えなさい」と言われたので、樋口くんを「しゅわしゅわマッチ♡」のお酒大臣に任命したり。坂口さんはわたしの性格もわかってくれているので、いろいろ手配とかをしてくれました。

大変でしたが、わたしの名前がついている以上、お客さんも期待して来るし、ちゃんと楽しませてあげたいと思ったので、いつもと違ったり、キラキラしているものを見せたいなと思って頑張りました。

ハッピーなだけじゃなくて、強いDDTも見せたかったので、メインは竹下幸之介

&高尾蒼馬&勝俣瞬馬ｖｓＫＵＤＯ&彰人&ＭＡＯ。スタイリストとヘアメイクをつけて、お洒落な感じにしました。

プロレスラーは夢を与えたり、非現実的な空間にいる人であってほしいので、やっぱり自分の一番盛れている状態でリングに立ってほしいと思うんですよね。コスチュームの糸がほつれているとか、お尻の部分が汚れているとか、わたしとしてはあり得ない。この興行のあと「ヘアメイクをつけてください」と提案して、いまＤＤＴは後楽園ホール以上の大きさの大会ではヘアメイクがついています。

プロの方にやってもらうことで「こういう自分もいるんだ」という発見に繋がってほしいし、みんなのプロ意識も育ってほしいなと思います。プロレスラーはこだわりが強い人が多いので、もちろんそのこだわりは崩さなくていい。ヘアメイクをつけるつけないは自分で選べます。樋口くんなんてつけたことがないです。普段は自分でオールバックにしていたのに、気づいたら坊主になっていました（笑）。

DDTプロレスリングに「正式」所属

デビューしてからずっとDDTではなくオスカープロモーション所属としてDDTのリングに上がっていたんです。2018年10月のDDTドラマティック総選挙で「DDTの所属にしてください」と直訴しました。

それまで「わたしはプロレスが好きだけど、お客さんはわたしのことをどう思ってるんやろ」とか、よくわからなくなってすごく不安だったんです。

でも、総選挙で1年目に6位、2年目に11位、そして3年目に9位に入れたことで、発言権があるんじゃないかと思って、「所属にしてください」と直訴したんですよね。社長はその場で快諾してくれて、わたしはもうデレッデレでした。

ずっとずっと、「DDTプロレスリング所属の赤井沙希です！」って言いたかったんです。

最初から、「DDTのパーツになりたい」とずっと思っていました。わたしのいい時期を使って、ＤＤＴをもっと上げたいと思っていたんですよね。
女子一人という目線で注目されることもあって、その女子一人が汚かったら全体が下がるかなと思って綺麗でいるようにしましたし。自分がそんなに大きな役割を果たしているとは思っていないですが、綺麗なお姉ちゃんがいたら「なに？　この団体」ってちょっとなるかなと思って、自分はそういうところを気をつけようと思いました。ＤＤＴが上がっていく過程で、自分が持っているものをすべて使ってもらえたらと思っていました。

でもわたしはこんなにＤＤＴのことを思っているのに、いつかポイされちゃうのかなと不安だったんですよね。それがようやく所属になって、「わたしたち、付き合ってんの？」みたいな状態だったのが、「ちゃんと籍を入れましょう」となった感じです。

赤井沙希〝おきばりやす〟七番勝負

2019年11月、「赤井沙希〝おきばりやす〟七番勝負」が始まりました。「おきばりやす」とは、京都弁で「頑張ってください」という意味です。

リング上での文脈もなく、突然始まった七番勝負でした。本当に無知なので、会社に「七番勝負ってなんのためにやるんですか？」と聞いたら、「大体、新人を育てるためか、禊」と言われて。「え、わたし新人でもないし、やらかしてもないけど？」と思いました。経験を積ませようとしてくれたんですかね。

でもわたしはキャリアの割にシングルの経験が圧倒的に少なくて、しかも女子となんてビッグマッチのときにしかやってこなかったんです。DDTのリングに女子が上がることもそんなになかったですし。「シングルを7試合もするんだ、すごいな」くらいに思っていました。始まってみたら強敵ばかりで、ビビりましたね。

最初は、藤本つかささん。つっかさんはドラマ『マッスルガール！』でエキシビションをやらせていただいたので、思い入れがあって、信頼もしていました。

わたし、プロレスラーの因縁って嫌いなんですよ。メンチ切ったりは好きなんですけど、会見で「なんだお前は！」とか言うのは好きじゃない。美しくないから。日常生活で怒ったら「は？」とか「なに言ってるの？」じゃないですか。でもなんでプロレスは「この野郎！」って言うんだろうと疑問に思っていて。プロレスはスポーツなのにって思うんです。スポーツと喧嘩が混ざっている部分ももちろんあるんですけど、恨んでいるわけじゃないから。ハートは熱くて、頭は

冷静じゃないと。そのバランスが難しくて、体調を崩す人もいます。

「女子プロレスは試合に感情が出やすい」と言われます。昔の全日本女子プロレスなんかは、プライベートの関係性の悪さがそのままリングに出ていたそうですし、人によってはそういう気持ちが熱いファイトに繋がるのかもしれないけど、わたしは嫌いな人とは触れ合いたくもない。嫌いな人と試合をしたって、いいものが生まれないと思うんです。だからわたしは試合する人はみんな好きです。

結果はつっかさんの勝利。つっかさんが試合後のコメントで、「因縁がなくてもいい試合はできる」っておっしゃったんですよ。つっかさんすごいなと思いました。女子プロレスのもっと上の厳しい世代も、うちら世代の甘さも両方知っている方で、その真ん中にいる人って一番しんどいと思うんです。なのに「プロレスとはこういうものだ」と押し付けるんじゃなくて、新しい見方もちゃんとしてくださる。「女子プロレス界に藤本つかさは必要だ」と改めて思いました。どんな形であっても、ずっとプロレス界にいてほしいと思いましたね。


第2戦は、旧姓・広田さくらさん。「旧姓・赤井沙希」として、わたしのコスプレをして、わたしの表情とか動きを細かく真似してくれて、感激しました。

団体によってやっぱり笑いのツボが違ったりするので、他団体でお客さんを持っていくのって難しいんですよね。わたしが他団体、かつシングルで自分の世界観を表現するとなったら、ちょっとビビるなと思っちゃうけど、広田さんは完全にお客さんを手のひらで転がしていました。「これは強敵だわ」と思いました。天才だし、それでいて品もあるし、みんながハッピーだし、安心できるし、美しいんですよ。ハートもすごく素敵なお姉さんです。広田さんの作る世界観がわたしはツボで、素敵だなあと思いました。

広田さんの技「高田純次」

も……結局やりましたね。「わたし、こんなキャラじゃないし」と思っていたけど、「やらないと寒い」みたいな空気になって。上手いな、広田さん。でも乗っかったからといって、恥ずかしい思いにさせて放置とか、絶対しないですから。ちゃんとやったからには面倒を見てくださる。懐が深いんですよね。わたしが勝ったけど、試合に勝って勝負に負けた感じでした。

第3戦は、山下りな。同期対決です。わたしがデビューしたとき、いろんなことを色眼鏡で見る女子の選手がたくさんいた中で、フラットに接してくれた数少ない女子のうちの一人。偏見も持たず、変な気の使い方もせず、本当にフラットに接してくれたのが

山下選手でした。

プロレスラーとして生まれた場所も育った環境も全然違うけれど、彼女も男子の中で女性一人で闘っているシチュエーションが多いんですよね。ましてやわたしが通ってきていないハードコアの世界で、本当にすごいなと思います。

プライベートで何回かご飯に行ったことはあったのですが、プロレスラーとしてどう思われているかは、シングルマッチをやってみないとわからない部分があるんですよね。闘ってみて、昔からフラットに接してくれる人だからこそ、自分も全力でぶつかれたし、彼女も全力でぶち当たってくれたので、それがすごく嬉しかったです。認めてくれてるんだなって。

負けてしまいましたが、こんな人が同期にいるというのは、プロレス界の未来は明るいなと思いました。山下りなと同じ時代にプロレスラーとして生きられたことは光栄です。

第4戦は、ミランダ・ゴディ。テリー・ゴディの娘さんで、2世対決でした。

でもわたし、テリー・ゴディを知らなかったんですよ。「だれ?」って思ったけど、向こうからしても「赤井英和ってだれ?」ってたぶん思っているから、周りがワーワー言うだけで、わたしたちはリングで闘うだけでした。

しかも彼女、デビューしたのがすごく遅くて。体は大きいけど、結構お姉さんになってからデビューしたんです。わたしも同じなので、お互いに意味のある闘いではあったかなと思いました。結果はわたしの勝利。

第5戦は、朱里さん。コロナ禍で道場での無観客配信試合だったので、できればお客さんの前でやりたかったです。

朱里さんの蹴りは、UFCに行っただけあってすごかったです。女子の蹴りは、山下実優とか里村さんとか、いろいろ受けてきましたが、朱里さんはまた違うタイプの衝撃がありましたね。わたしも頑張ったけど、負けてしまいました。

第6戦は、安納サオリ。わたし、あのたん好きなんですよね。あの子がホステスになっても、絶対売れると思います。媚びずにツンとしているから、逆に「なにをしてあげられるだろう？」って、こっちが尽くしたくなっちゃう。それでふと優しくされたら、「それそれ！」って思うけど、瞬きをしていま一度彼女を見ると、もうこっちを向いていないみたいな。

闘ってみて、頭がすごくいいなと思いました。試合中もそうですが、試合が終わったあと「いまここで握手をすることが自分にとっていいかどうか」といったことを、咄嗟に考える力があるんですよね。パワーも実はあるし、スピードもあるし、魅せる

力もあるし、もしいまわたしが初めてプロレスを観るとしたら、あのたんのファンになるだろうなと思います。

わたしが勝つことができて、ここまで3勝3敗です。

第7戦は、里村明衣子さん。めちゃめちゃ怖かったです。里村さん自体は優しくて素敵な方なんですけど、自分自身が「里村明衣子とシングルマッチをやる」という重圧に怯えていました。「やっぱり最後は横綱か」と思って。里村さんってすごく可愛らしい方で、天然さんでおっとりされていて、背も小さいんですけど、入場すると、オーラでめちゃめちゃデカくなるんですよ。デカッ！と思いましたね。

里村さんと試合させていただくのはめっちゃ久しぶりだったんですけど、蹴られながら「この痛さだ！」と懐かしく思いました。里村さんの蹴りって、速くて重くて衝撃がすごいんです。ボコボコにされて、それでも頑張ってやり返したりしていたんですけど、里村さんが飛んできたときに、めっちゃ美しくて、「あ、やっぱりわたし、間違ってなかったな」と思いました。「やっぱり強い人って美しいな、気高いな」と思ったら、次の瞬間、バコーンッてやられてましたね。負けてしまい、七番勝負は3勝4敗に終わりました。

七番勝負を終えて

七番勝負を終えて、女子とか男子とか、リングに上がっちゃうと本当に関係ないなと改めて思いました。女子の選手たちは「わたしたちは女子プロレスだから」という誇りとプライドをお持ちだろうし、それはリスペクトするんですけど、わたしからすると性別は関係ないなと思います。ただひたすら猛者たちとの試合を経験させていただいた。プラス、全員美しかったですね。

あと、このキャリアでまだそんなこと言ってるんだという感じですけど、一人で闘うのが怖くなくなりました。コロナ禍だったというのもありますが、カメラの向こう側にいるファンのみなさんも一緒に闘ってくれているのがレンズ越しでもわかったし、会場にいるとより肌でそれを感じるし、一人でリングに上がることが怖くなくなったんですよね。

坂口征夫、樋口和貞とのユニット「Eruption（イラプション）」結成

２０２０年1月3日、七番勝負真っ只中に、初めてユニットを結成しました。メンバーは坂口征夫さん、樋口和貞くん、わたし。名前は「イラプション」です。イラプションというのは英語で「噴火」という意味なんですけど、坂口さんが渋谷でやっていたチーマー時代のチーム名なんです。

だから、坂口さんの昔の仲間が「え、お前、イラプションやってんの？」「そうそう、名前使っちゃった」みたいな、レジェンドチーマーたちの会話があったみたいです。

当時は樋口くんもまだ若手という扱いでした。この子はいっぱい苦労もしていて、強いのに、優しいからなのかあともう少し、なにかが足りなくて上に行けない子だったので、樋口くんを上げたいなという思いもあって作ったユニットでもあります。

あとは、わたしの好きなＤＤＴは、強さもあって、楽しさも、ハッピーも、感動も、いろんなものがあってＤＤＴだと思っているんですけど。ちょっとわたしの思う

グッドコムアセット
ABEMA
TV&VIDEO ENTERTAINMENT

DDTじゃないなというときがあったんですよね。

ストロングスタイルをやたら押し出す風潮というか。「これじゃあ、DDTじゃなくてもよくない？」と思うことがあったんです。自分たちの好きなDDTを取り戻したいなとか、そういう理由もあってユニットを結成しました。武闘派で、映画『凶気の桜』のような古い考えはありつつ、スパッと一本の信念を持ちつつ、今風の考えも取り入れるようなユニットにしたかったです。

7月にはKO-D6人タッグ王座のベルトを3人で取って、一緒に路上プロレスもしましたし、絆とか信頼感って、そうやって試合を通して生まれるものなんですよね。あと欠場期間中に支え合ったりとか。ユニットの関係って不思議だなと思います。

過保護なお母さん状態

２０２１年12月、岡谷英樹くんがイラプション入りを志願しました。わたしは最初、あんまりよく思わなかったんですよ。当時、若い子たちがみんなどこかのユニットにもらわれていって、そのノリで「じゃあ僕はイラプションで」と言っていると思ったんです。

樋口くんが査定マッチをやることになって、「うちのグーヒーが怪我しないといいけど」と思って見ていたら、岡谷くんが樋口くんにボッコボコにされていて。「イラプションって、入るのにこんな大変な思いするの？」と思いました。時期が違っていたら、わたしも危なかったかもしれません……。

でも岡谷くんがものすごい頑張りを見せて、これはもう入れるべきだし、わたしたちにはこの子が必要だと思いましたね。あとはわたしがこの子の足りないところをケアしてあげれば、スターになれると思いました。

彼になにが足りないだろうと考えたとき、「華」だなと思ったんです。黒髪に茶色と緑のショートパンツだったので、「足が長いからロングにしよう」と提案しました。髪は赤がいいなと思って、どの美容室がいいか、わからないみたいだから、わたしが表参道の美容室に連れて行きました。

完全に過保護なお母さん状態で、「何分くらいですか？　ここいますんで」とか言って、たまに様子を見に行って、「どう？　喉乾いてない？」とか、本当にただのお母さん（笑）。

2022年7月に、樋口くんは脱退してしまったのですが、いまでも信頼していますし、可愛い弟のような存在です。

クリス・ブルックスとのダブルタイトルマッチ 自分のすべてを出し切れた試合

七番勝負とイラプション結成を通じて成長を感じたあと、2022年5月4日、クリス・ブルックスとDDTEXTREME級&アイアンマンヘビーメタル級のダブルタイトルマッチを行うことになりました。

　EXTREME級選手権試合は、チャンピオンが試合形式を決めることができるんです。でもクリスは、「勝っても負けても、ルールに救われたとか、あのルールだったから負けたと言われるのは、赤井にとって本望じゃないだろう」と言って、通常ルールにしたんですよ。そこまで考えてくれたことに、びっくりしました。

　前哨戦でボコボコにされて、試合中も怪我をしてしまいました。膝の靭帯損傷です。

クリスに立ち向かおうとしたら、力が入らず膝から崩れ落ちてしまいました。わたし、泣くときは一人で泣くんです。非常階段とか、人目につかないところで。でもそのとき、痛いのと悔しいのとで控室で泣きながら歩いていたら、上野くんに「大丈夫っすか？」と言われて。「悔しい」って言ったら、「いや、冷やしてください」と心配されました。

タイトルマッチ当日、昼が東京女子は美威獅鬼軍の防衛戦、夜がDDTのダブルタイトルマッチ。沙希様と赤井沙希ちゃんは「別人」だから関係ないんですけど。見ているだけだったけど、もう膝はガクガク……。坂口さんにケアしてもらいました。

でももう膝はどうなってもいいから、この試合を自分の思うようにやり切らなきゃいけないと思いました。これでもし膝がどうにかなったとしても、言い訳にするのが嫌だったから、やるしかないと思いましたね。今後のこともあるから延期するという選択肢も、わたしの中でもちろんありませんでした。

怪我のことは、試合前も試合後も公表しませんでした。お客さんには心配かけたくなかったし、「沙希ちゃん、膝しんどいけど頑張れ」じゃなくて、「てめえのメンツ、自分で立ててこい」という目線で見てほしかったので。

試合はすごく怖かったし、経験したことのない試合になりました。初めて人の顔面をグーでぶん殴りましたし。あの試合を経験するとしないでは、わたしのプロレス人生はまったく違っていただろうと思います。負けてしまいましたが、「あれを経験したから大丈夫」という自信になりました。怖いとか、やばいなって思っても、あの体の状態であの試合をくぐり抜けられたから大丈夫だと思えるようになりましたね。

テレビとかで「赤井さんの試合で、ケツァル・コアトルがどんな技か映像を使いたいんですけど」と言われると、「2022年のクリス戦のを使ってください」と言うようにしています。それくらい、自分のすべてを出し切れた試合でした。

あと、あの試合からカメラをすごく意識するようになりました。本当はお客さんを入れてやる予定だったのが、いきなり無観客になってしまって。カメラで抜かれていないところはお客さんに伝わらないけど、かといってカメラばっかり見ていたらやられたりとかして、難しいんです。でもカメラの向こうのお客さんのことを考えるようになりました。

あと、なかなか人は死なないなとか思ったり。デカいって面白いなと思ったり。やっぱり体が大きいって、プロレスで大事なんだなとか。そこに男女というものはまったく考えなかったですね。

女性が男性と戦う上で気をつけなくちゃいけないのは、悲壮感が出ないようにするということ。

わたしがやられているところがDVみたいに見えたら、相手も損するし、わたしも損する。やるからにはもう立ち向かって、どんなにやられても負けん気強くいかないと、それはもうエンタメじゃなくなっちゃうから。そこはずっと意識しています。

プロレスという文化がなくなるのではという不安

コロナ禍は試行錯誤の連続でした。いろいろ試す中、お客さんがリモートで声援を送れる「リモートプロレス」というのもやりましたね。

道場のリングで中村圭吾ｖｓ納谷幸男のシングルマッチをやったんですけど、お客さんがお家で声援を飛ばせるようなシステムを作ったんです。「中村――！」「納谷――！」とか聞こえてくる中、途中でお客さんが試合中にお蕎麦を食べ始めたんですよ。ズズズズズ、ムシャムシャムシャ、といった食事音がリング上に流れてしまいました。他のお客さんにも聞こえていて、「おい、蕎麦食べるのやめろ！」とかコメントが来ていましたね（笑）。

当の本人は音を消していたのか、聞こえていなかったみたいで、食べ終わるまでお蕎麦をすする音が続きました。

コロナの間は、「プロレスという文化がなくなっちゃうんじゃないか」という怖さがありました。みんな生きるのに必死で、興行なんてできないし。新しい行動を起こしたら叩かれたりする時代だったので、いまの自分になにができるか必死に考えました。わたしの大事なファンのみなさんに向けて、いまプロレスラーとしてなにができるかなとか。それで会社に「リモートサイン会とかどうですか？」「通販ももっと強化しましょう」とか、アイデアを出したりしました。

ライブ配信が始まったので、通販でどうやったらお客さんに楽しんでもらえるかなと考えて、「はじめてのおつかい」という企画もやりました。お客さんに値段を設定してもらって、駄菓子屋みたいな感じでグッズを置いて、選手がランダムに詰め合わせるんです。「これも入れちゃおう」とか、ちょっと盛り気味で、はじめてのおつかいセットを販売したんですよね。どうやったら楽しんでもらえるか、ずっと試行錯誤していました。

あと選手がみんな落ち込んでいて、筋トレ鬱になっている人もいました。ジムが閉まって、筋トレができないストレスで。遠藤哲哉さんとか、やばかったです。

SKE48メンバー荒井優希とのタッグ「令和のAA砲」

2022年4月、東京女子プロレスのリングで、SKE48のメンバーでもある荒井優希ちゃんとタッグを組むことになりました。チーム名は「令和のAA砲」。優希ちゃんもプロレス大賞新人賞を取っていて、同じ京都出身。タレント活動という共通点もあり、優希ちゃんにとって勉強になるだろうということでタッグが組まれたんです。

最初は「大丈夫かな?」と思ったんですが、若い子はみんなそうですけど、優希ちゃんもプロレス界の宝だとわたしは思っているので。「優希ちゃん、辞めないでほしいな」と思う反面、この子自身がどれくらいプロレスに思いを入れてやってるんだろうとか、そこが見えなかったんですよね。全部が綺麗で、荒々しい部分がなくて。闘志溢れる表情はすごく

いいけど、どうなんだろうと思っていたんです。彼女に対しては、もうドロドロでぐちゃぐちゃな部分が見たいと思っていました。

でもそれって、わたしがデビューしたときに言われていたことなんですよね。そのときは「ハア?」と思っていました。人前に出るために綺麗にしているのに、なんでぐちゃぐちゃな姿を見せないといけないのか意味がわからなかったです。けどいまは、「ああ、これがあのとき先輩たちがわたしに言っていたことなんだ」と思います。

優希ちゃんに対して、アドバイスとかはとくにしませんでした。あの子の性格とか感性を見ていると、直感で先に方向性を決めて、あとから体がついてくるタイプかなと思うんです。だからあんまり「ああしな、こうしな」というのは言っていないですね。ただ、試合中にダメージがあると下を向く癖があるから、「どんなときでも、痛くても悔しくても、相手のことを見な」とは言っています。あるとき入ったばかりの選手に「リング上でお客さんが自分を見ているのに、下を見るという選択肢はないんだよ。次にバーンと向かってくるかもしれないから危ないし、やり返せるタイミングがあるかもしれないよ」という話をしていたら、横で優希ちゃんが「ウンウン」って、お姉さんぶってるんですよ。「わたしも言われたわ」みたいな。そういうところが、本当に可愛いんですよね。

デビューしてまだ2年ちょっとですが、サソリ固めもすごく形がよくて、それひとつでもフィニッシュが取れるくらいちゃんとできています。もっと角度をエグくしたらいいなと思うけど、いつか対戦するかもしれないから言わないでいます（笑）。サソリ固めとか、絞り腰ひねり上げ系が嫌いなんですよね。腰が悪いのと、背が高いからウニョッてめっちゃ曲がるのでしんどいんです。

わたし、仲間意識がすごく強くなっちゃうんですよ。ものすごく感情移入しちゃう。だから優希ちゃんの顔は蹴れないなあと思いますね。できれば対戦したくないです。

CHAPTER 05

引退
そして、
これからの未来

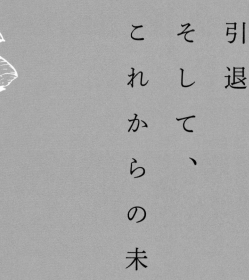

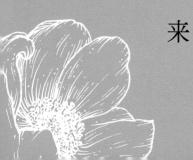

引退を決意した理由

ふんわりと「どこかでケジメをつけよう」とは思ってはいましたけど、それが10年という明確な数字では意識していませんでした。ただひたすら週末に試合をして、週明けは体のメンテナンスをして、他の日は芸能やサロンの仕事をして、また週末に向けて心と体を整えて……という毎日で、自分の幕引きのことなんて考える余裕がなかったんです。

ただ、肉体的、体力的にはあと数年は続けられそうだけれど、団体の未来のことと、ファンのこと、プロレス界全体のことを考えたら、それがベストな選択ではないなと思いました。

まだできることはもしかしたらあるかもしれませんが、自分のＤＤＴでのキャラクターを考えたら、10年というキリのいいときにケジメをつけるのが、一番「美しい」のかなと思いました。

「10年で幕引きかなあ」とぼんやり考えていたときに、海外でプロレスをやらないかというお話が来ました。でも2年契約ということで、「単発じゃできないんですかね？」という要望も伝えたのですが、どうしても2年だということで。

そこで高木社長に「実はこういうことを考えていまして」と初めてお話ししたんです。海外の話が来なかったら、ちゃんと話せていなかったと思います。

プロレスって、辞め時がないんですよね。

どんどん次のビッグマッチが決まるし、チャンピオンになったら「チャンピオン像を見せなあかん」と思うし、ベルトを落としたら落としたで「ここから立ち上がる姿を見せたい」と思う。お客さんとの距離も近いので、「沙希ちゃん、あれもっとやってよ」とか言われると、「じゃあ、頑張ろうかな」とすぐ思ってしまう。本当は辞めたくないんですけど、赤井沙希というプロレスラーを完成させるためには、ここがケジメなのかなと思いました。

辞めたあとの自分は、想像できないです。もぬけの殻になるんじゃないかな。

本当に空っぽになると思うんです。「わたしって何者なん？　必要ある？」って、病むと思います。

「辞めたあと赤井さんはどうするんですか？」とよく聞かれますし、この本を書きながらも考えています。

ただ、なにか他にやりたいことがあって辞めるわけじゃない。プロレスラーとしての像をどう完成させるかを考えて幕引きを決めたので、「辞めたあと、逆にどうすればいいと思う？」って聞きたいくらいです。

自分の理想としては、引退後にご意見番にだけはなりたくない。試合の解説をすることになったとしても、「わたしの時代はもっと厳しかった」とか、ダメ出しとか、絶対に言いたくないです。いまの時代はいまの時代で頑張っている子たちがいるから。その時代で頑張ったことと、いまの時代で頑張らなきゃいけないことって違うと思うんですよね。レジェンドだからこそ言えることもあると思うんですけど、単純に見ていてあんまり美しくないなと思います。スパッと縁を切ろうとは思わないので、いい関係を築きつつですね。

辞めたあとのことはなにも決まっていなくて、自分がワクワクしたり、心が動くことがあれば挑戦してみようかなと思っています。サロンは続けますし、芸能のお仕事もやりたいと思えることがあればやろうかなとは思っています。「元レスラーとして、やったんどお！」みたいな気持ちはないですね。

プロレスをやっていたという経験は、絶対に自分の人生において精神的にプラスにはなるはず。ただ、いまはしんどくても「わたしはプロレスラーだから大丈夫」と思って自分を奮い立たせている部分がたくさんあるので、「レスラーじゃなくなったら立ち上がれるかな？」という不安はありますね。「プロレスラーは疲れないし怪我もしない超人だから」と頑張れていたけど、普通の人になったら激ヨワになるかもと思います。

美容サロン「Riviera」をオープン

2021年4月から、レスラーをやりながら1年間、美容の専門学校に通いました。土台がしっかりしていないと、いくら畑に肥料を与えてもちゃんと花が咲かないと思い、解剖学とか栄養学とか、そういうところから勉強することにしたんです。前は独学で栄養素を調べていたりしていましたが、独学じゃダメだと思って、専門的に教えてくれる学校に通うことにしました。ボディもフェイシャルも知識の部分も合わせて、週3回通ったので、かなりハードでしたね。

生徒同士でアイモデルをやるんです。試合の次の日に「赤井さん、胸元どうしたの?」と言われて、「ちょっと転んじゃって」とか言ってたんですけど、まさか前日に岡林裕二のチョップを受けたとは言えない(笑)。明らかに男性の手形だったので、絶対DVを受けていると思われていたと思います。

CIBTACという国際ライセンスを取得して、2022年7月、美容サロン「Riviera」をオープンしました。従業員がいないので、ご予約、お掃除、発送は手伝ってもらったりしていますが、カウンセリングや施術は全部自分でやっています。

DDTにいて、普段から男性の肌悩みはよく聞いているんですよ。「シミができた」とか「傷跡が消えない」とか。若い子はみんな敏感ですけど、もう少し上の世代の方は「男が洗顔なんて」という人もまだいたりします。そういう方は知りたいけど聞く機会がなかったりするので、選択肢が少ないんですよね。

そういう中で、ピンポイントビジネスというか、「これ使って」と言って儲かるみたいなことはしたくなくて。オールインワンジェルも販売しているんですが、いい成分をふんだんに入れています。同業の方に「え、大丈夫？　儲けないでしょ？」と言われるけど、正直、ジェルに関しては儲けは全然ないですね。でもわたしの名前で信じて買ってくれた人が、ちゃんといいものを使う入口になりたいから、「一発目にこれを使っておけば間違いない」というものにしました。

男の人は化粧水、美容液ってわからないので、オールインワンジェルにしたんです。女の人で普段ちゃんと化粧水、クリームを塗っている方は、美容液として使うのがオススメです。

EGFという肌再生の成分を入れていて、手術した人とか、火傷した人とかに、肌再生で病院が使ったりする成分なんですけど、それを例えばニキビ痕とか、炎症した髭剃り痕とか、女の人なんて毎日摩擦しているし、そういうのに使えるようにと思ってEGFを入れました。大手化粧品会社ってあんまり入れないんですよ。医療品になるかもしれないギリギリの成分だから使えないのと、単純に高いから損しちゃうというのもあります。その成分がうちのジェルには入っているんです。わたしはＥＧＦは絶対いいと思うんですよね。

　樋口くんとか坂口さん、秋山さん、平田さんも買ってくれています。勝俣くんは普通にサイトで買ってくれて、「勝俣瞬馬」という名前を見てわたしがびっくりしました。坂口さんは、火野裕士さんのチョップの痕に塗ったりしているみたいです。ビタミンＣ誘導体も入っているので、毛穴とか日焼け痕にもいいですよ。男の人のヒゲ剃りあとの炎症にもいいんですよね。

　サロンは「ホットペッパービューティー」にも載っていない、隠れ家サロンのような感じです。白を基調とした部屋で、内装にもこだわりました。宣伝はＩｎｓｔａｇｒａｍとＴｗｉｔｔｅｒ（現Ｘ）しかやっていなくて、美容系の口コミで来てくださったり、わたしのことをなにかで知ってくださった方が来てくださった

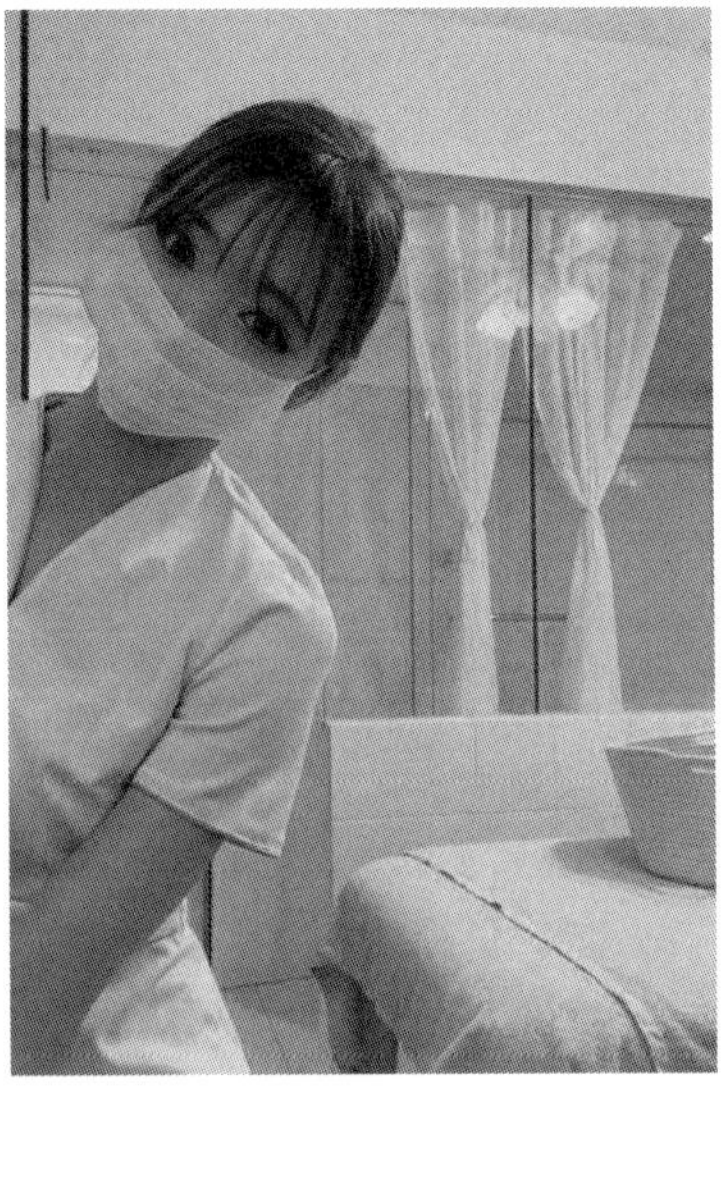

り、あとはプロレスファンの方もいらっしゃいます。

女子プロレスラーで興味がある子がいたら、「こういう道もあるんだよ」って見せてあげたいなと思っています。飲食とかストレッチ屋さんはわりとよくあるので、美容の道もあると示せたらいいですね。

レスラーだったら筋肉とかもわかるし、自分が首の痛さも知っているので、「ここが痛いということは、ここをほぐしてあげたほうがいいな」とかわかるんですよね。もちろん勉強してライセンスも取らなきゃいけないんですけど、向いていると思います。

やっぱりプロレスラーは可愛い存在なので、なにかしてあげたいなと思います。

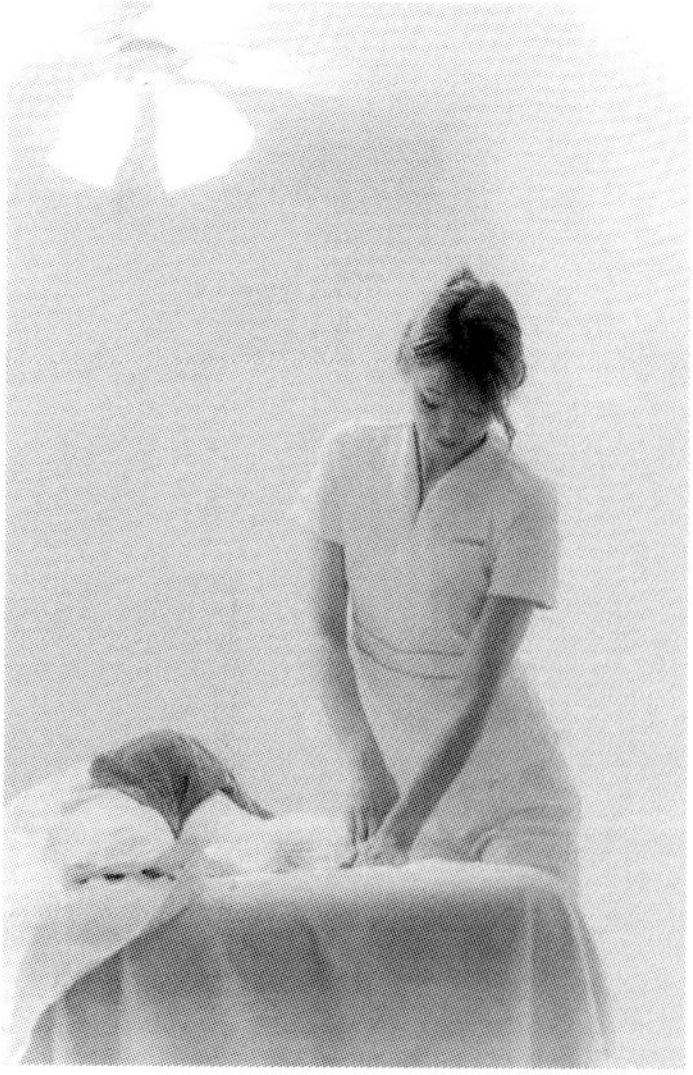

何事においても「美しいかどうか」

体を大きくしたくなかったので、ウエイトは長い間やっていませんでした。でも、トレーニングの仕方と食べ物の摂り方によっては大きくならないし、むしろそこまで大きくはなれないです。10年プロレスをやっていると、受け身を取っているだけで大きくなります。

わたしのコスチュームはスカートタイプじゃなくて、本当に体のラインが出るので、お尻とかお腹とか、もう少しアスリートっぽくしたいなと思い、筋トレを始めました。体幹を鍛えたいというのもありましたね。

とは言え、めっちゃ飽き性なので、やっている時期とやっていない時期の繰り返し。この本を書いているいまはわりと続いていて、週2、3回くらいジムやパーソナルトレーニングに行っています。引退発表をする少し前くらいから、一番アスリートらしい生活をしていますね。前はお酒もたくさん飲んでいましたが、いまは忙しいのもありますが、体のことを考えるブームというか。お酒を飲む時間とか、肝臓がアルコールを分解するエネルギーがもったいないと思ってしまいます。

２０２３年８月、ＤＤＴが経営するＢＡＲ「スワンダイブ」で、坂口さん50歳のお誕生日会があったんですよ。お客さまからシャンパンをいただいたりして、久々にお酒を飲んだのですが、やっぱりわたし、お酒めっちゃ強いなと思いました。「あ〜、熱くなってきちゃった。電車なくなっちゃった」とか、女子っぽいことは絶対にないです（笑）。

もし酔っ払ったとしても、人前では絶対に酔った姿を見せないです。みなさんがいなくなったあとに、這ってでも家に帰る。男30人の中、女一人なので、「酔っ払っちゃった」とかやったら関係が崩れると思うし、なにより美しくないと思うんです。何事においても、「美しいかどうか」は自分の中で大きな価値基準です。

岡谷英樹の初ベルト戴冠での涙

2023年7月23日、両国国技館で開催された『WRESTLE PETER PAN 2023』。イラプションは樋口和貞&中津良太&石田有輝が持つKO-D6人タッグ王座に挑戦しました。

序盤、わたしは中津くんに掌底を連発しました。ボクシングをやっていたのでいつも拳なんですけど、プロレスは拳はダメなので掌底にしました。でもあんまり慣れていないので、手のひらが真っ黒な痣になりました。

とにかく必死で、樋口くんの首にぶら下がったりもしました。樋口くんはわたしの体重なんて軽く持ち上げられるんですけど、わたしの全体重をかけて脈を締めたら、いくら樋口が首を鍛えているとは言え、どうにかなるんじゃないかなと。でも、あの子はまだ動いていて、怖っ！　と思いました。そうしたら坂口さんが樋口くんの片足を抑えに来てくれて、わたしはもう全然見えなかったんですけど、さすがだなと。わたしは樋口くんにケツァル・コアトルを決めて、場外にダイビングボディアタック。とにかく必死でしたね。

最後は岡谷くんが石田くんをダブルアーム・スープレックスで決めて、勝利。ゴングが鳴った瞬間、緊張と張り詰めていたプレッシャーとか、ここでやらなきゃっていう糸が全部プツンと切れました。ワーッと涙が溢れてきて。でも、絶対いっぱい写真を撮られるから涙を抑えようと思ったら、横で岡谷くんが泣いていて。それでまたワーッと泣いてしまいました。

普段、そんなに感情を出す子じゃないんです。口数も多くなくて。けど、いろんな思いを持ってここに上がってく

れて、末っ子なりにいろんなものを背負ってくれたんだなと思うと、可愛いなと。しかも初戴冠です。初めてのベルトは自分の手で取らせてあげたいと思っていたので、本当によかったなと思いました。

引退に向けて　デビュー10周年記念試合

2023年11月12日、デビューした場所でもある両国国技館で引退することになりました。決まったその日から、引退ロードがスタートしました。

「赤井沙希デビュー10周年記念試合」をやらせていただくことになり、この本を書いている段階でVol・3まで終了しています。

Vol・1は、2023年3月21日、後楽園ホール大会。対戦相手は高梨将弘選手です。わたしがデビューするときにタッグパートナーとして隣に立ってくださって、その後、わたしのお師匠様である坂口さんが高梨さん、KUDOさんと酒呑童子というユニットを組みました。わたしは妹分みたいな感じでずっと近くにいて、ユニットの絆ってこんな感じなんだとか、プロレスってドラマを見せるものなんだとか、高梨さんはゼロの状態からすべてを教えてくれた人です。

リング上だとチョコチョコ動いて可愛げがあるんですけど、頭はすごくキレるんですよね。人のことをプロデュースするのもお上手です。どの瞬間もいろんなものを見て冷静に判断されていて、怒鳴られたことは一回もないんですけど、DDTの中でだれよりも怖い。常に冷静に見られているから。あと、熱い部分とクールな部分があるので、そこも怖い。そういう人なのに、プロレス界における家族をすごく大事にしているんですよね。我闘雲舞のみんなだったり、DDTの仲間だったり。高梨さんはいままでの自分を築き上げてくれた仲間は絶対に見捨てないし、大事にしながらも、新しいものを作っていっている。すごく偉大な先輩です。

前に一度シングルマッチをやったとき、隣に立っていたときはめっちゃ心強いのに、闘うとこんなに怖いんだと思いました。目が怖いし、オーラも怖い。でも頑張んなきゃと思ったら、酒呑童子のTシャツを腰にぶら下げてきて、「うわ、こういうことする?」

と思って、心を揺さぶられました。相手の心をコントロールするのもすごくお上手ですね。こいつは絆とか家族とかに弱いから、Tシャツを見せたら動揺するだろうなって、わかってやっているんです。本当に怖い！

今回の試合でも、いま高梨さんはＣＤＫというユニットなんですけど、「酒呑童子、

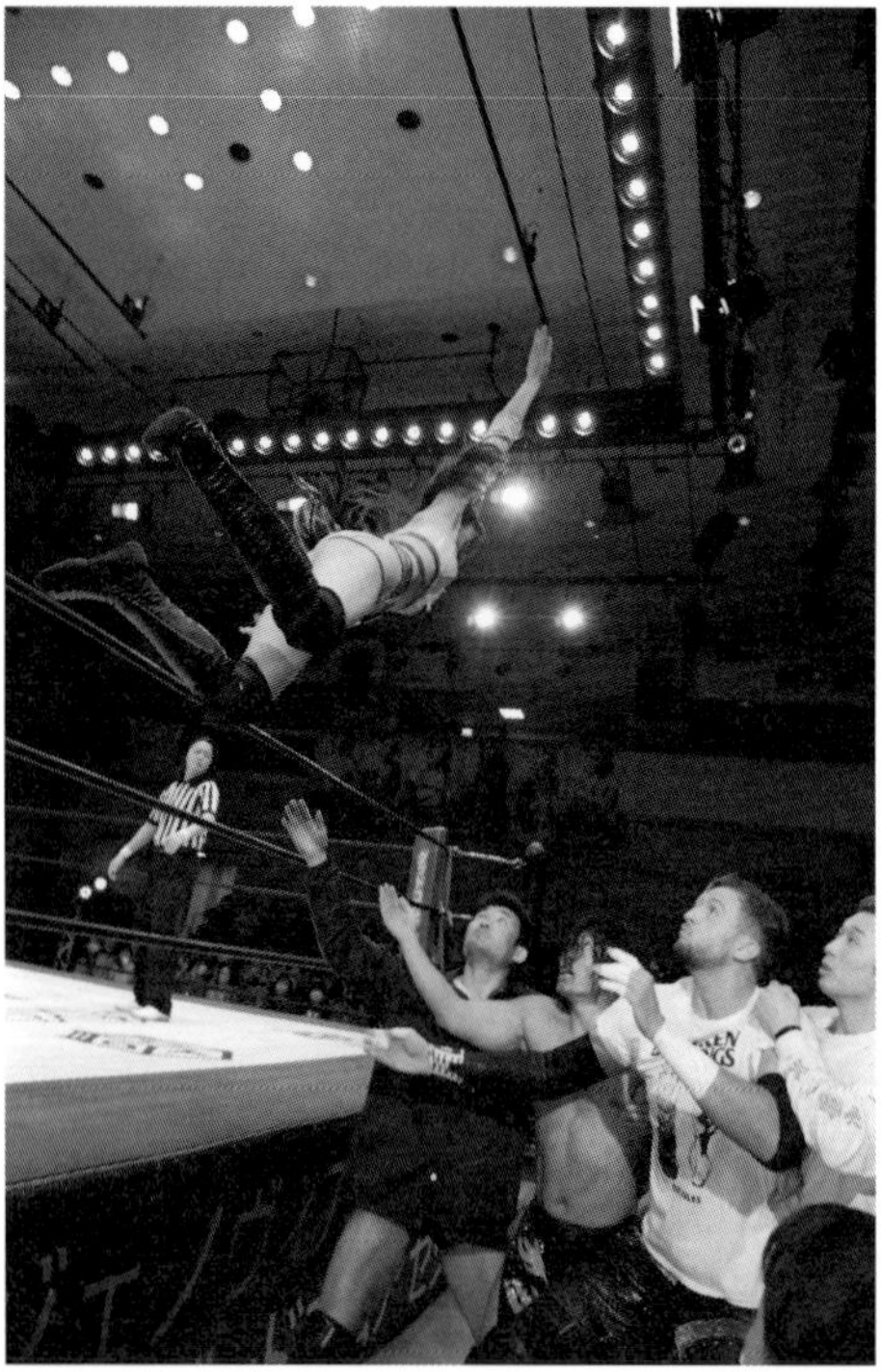

高梨将弘」というコールにしていたんですよ。そういうのが本当に上手いし、また酒呑童子のTシャツを持ってきたり、わたしのセコンドについていた坂口さんも意識したり、会場全体を見て試合をされていました。蹴りもめちゃめちゃ痛かったです。

わたしが勝ったけど、不思議なことに勝ったという気持ちになれないのがすごいところなんですよね。試合後、あんなにマイクのイメージがあるのに、なにも話さずスッと帰られて。「なにを思ってるんだよー、教えてくれよー！」と思いました。そこもまた怖いところです。

Vol・2は、8月13日、後楽園ホール大会。「赤井沙希&雪妃真矢&朱崇花vs彩羽匠&山下りな&中島翔子」というカードです。自分にとって欠かせない選手を全員揃えたんですけど、東京女子の立ち上げメンバーは同期でもありますし、デビュー前か

らずっと一緒に練習していた仲間でもあるので、そこは外せないなと思っていました。とくに中島翔子ちゃんは、団体ではもうお姉さんの立場だけど、もっともっと大きくなりたいと本人も思っているのに、下の子たちを見なくちゃいけないという気持ちもあり、小さくまとまっちゃっているなと感じるときがあるんです。海外にも行っているけど、まだまだ彼女が知らない世界を経験してもらいたくて。本当にリミッターを外す中島翔子を見てみたいと個人的に思ったので、彼女を入れました。

いままで何回もチャンスはあったんですけど、性格的に引っ込み思案だったり、人に気を使っちゃったり、「自分はこうしたい」というのがバキバキに固まりすぎて、それがちょっとでもミスッたら心が折れて続かなかったりするタイプだと思うんです。だから試合前は「いいほうの中島翔子であれ！」って願っていたし、たとえいいほうの彼女だったとしても、試合中に心が折れちゃうことがあるので心配だったんです。今回は最初から最後までなんの心配もない頼もしい翔子ちゃんでした。テクニシャンで、本当にかっこよかったです。

あと、わたし、ついにちゃくみ（彩羽匠）にリング上で告白しました！「ずっと好きでした」って。試合後に言われたのが、「ずっと嫌われてると思っていました」っ

あの人はナルシスト

大社長

て……。「そんな人類いる⁉」と思いました。「挨拶もしてくれるし、プロレスをリスペクトしてくれている方だなという印象はあったんですけど、挨拶したあと、ずっと背中を向けられていたんで」と言われたんですけど、わたし、〝好き避け〟してたんですよね。喋ったら挙動不審になるから、背中を向けていたんです。でも背中を向けて、鏡越しにちゃくみのこと見てたんですよ（笑）。

ちゃくみが歩いたあと、入場の羽が落ちるんです。わたし、その羽を拾って歩いていたんですけど、それもちゃくみにバレていたから、「羽を持って帰るぐらいなんだから、好きに決まってるじゃないですか」って言ったら、「『ゴミを落としやがって』と思っているのかなと」と言われました。いや、持って帰って大事に缶に詰めてますって！　とにかく長年の思いを伝えられてよかったです。

Vol・3は、8月27日、後楽園ホール大会。対戦相手は、男色ディーノ選手です。数年前、ディーノさんとDDT EXTREME王座のベルトを賭けて、タイトルマッチをやりました。「DDTの中で浮いてるんじゃないか？」と思っていたわたしに、「お前はもう仲間だ」と言ってくださったり、「試合がない、居場所がない」と言っているわたしに対して、「居場所は自分で作れ」と言ってくださったり、それがすごく刺さって、お陰でここまでやってこられました。

けど、どうしても納得がいかないことがあったんです。「もっともがいている姿を見せろ」とか、「人間臭さを見せろ」と言われたんですけど、わたしはプロレスラーは夢を見せる職業だと思うんです。怪我をしているところとか、テーピングをしている姿をファンの方には見せたくないし、打撲の痣があったらわたしはコンシーラーで消しています。『ストリートファイター』で春麗がテーピングと汗だらけで出てきたら「えっ？」って思うじゃないですか。お客さんにはわたしがいま抱えているものとか関係なく、フラットな目線で楽しんでほしいと思っている。しんどい思いはわたしだけがしたらいいから。ディーノさんに言われた言葉にずっとモヤモヤしていて、このままでは引退できないと思い、シングルマッチを要求しました。

ところが大会直前、ディーノさんは鼻を骨折してしまったんです。全身麻酔で手術をしたのに、顔をグルグル巻きにして試合に来てくれたんですよ……。わたしは試合をするとき、なるべく相手のことを的として見ようと思っているんです。相手の背景とかいろんなことを考えると、感情移入して蹴れなくなってしまうので。でもこの日ディーノさんを見たとき、胸とかローキックとか、なにをやっても鼻の骨に響くだろうなと思うと、さすがに蹴るのを躊躇ってしまいました。でもディーノさんに説教されて、吹っ切れました。顔に思いっきり蹴りを入れたんです。あの状態でリングに上がってきたディーノさんの覚悟を受け止めるには、やんなきゃなと思いました。

試合後、ディーノさんは「いろんな価値観があるから面白いんだ」とおっしゃいました。いまでもわたしは「プロレスラーは夢を見せる職業」という考え方は変わらないけれど、綺麗な状態でやろうとしても滲み出てしまうものがあるから、そこはもうどうしようもないなと思いました。わたしも気取っているようだけど、意外とファイトスタイルは泥臭いんです。生き様とか人間性がリングの上では滲み出てしまうから、そこはありのままでいいのかなと思うようになりました。

プロレスを通して学んだこと伝えたいこと　そしてこれからの未来のこと

プロレスをやるまでは、我慢したり、気を使うことが多かったんです。面白くないのに笑ったりとか。そこに魂はあったのかなと思う。プロレスをやったことで、喜怒哀楽の感情が幅広くなって、絵の具の色が増えた。やっと人間になれたと感じます。

過去のことをいろいろ思い出しながらこの自伝を書きましたが、忘れてしまっていることがたくさんありました。父のこととか幼少期のこととか、自分にとってトラウマを引きずっている部分があったんですけど、プロレスで一生懸命になったり熱くなったりすることで、知らず知らずのうちに忘れていったんですよね。忘れるというのは、きっと自分にとっていいことなんだろうなと思います。

10年キャリアがあっても、いまだに毎試合緊張するし、「もう無理！」って思うこともあるし、体が痛くて入場ゲートの直前まで立っていられないこととかもあります。でも入場曲が流れてお客さんの手拍子が聞こえると、不思議と歩けたり、走れたりできちゃうんですよね。本当にプロレスって魔法がかかっているなと思いますし、だれかのためにとか、緊張感とかヒリヒリしたものによって自分は生きているって感じられたんだなと思います。それがないとなにも感じなかった。この緊張感があったから、いまの自分の状態があるのかなと思います。

自分が引退することが決まって、プロレスだけじゃなく、他のスポーツ選手もそうだと思うんですけど、現役の時代ってキラキラしているように見えるけれど、人生の一瞬ですごく儚いなと改めて思いました。だからこそ、この時代にお客さんと選手として出会った以上は、その空間を大事にして盛り上げていきたいな、盛り上げていってほしいなと思います。

強く、気高く、美しく

わたしはプロレスをやる上で、「強く、気高く、美しく」とずっと言ってきました。

この3つはどれも欠けちゃいけなくて。プロレスラーである以上、強さは根本にないとダメだし、かといって強さばっかり求めて美しくないのはわたしとしては嫌だし。かといって綺麗で強いけど、人に媚びているようじゃ、そんなのはプロレスラーじゃないと思っています。

これはプロレスだけじゃなくて、プロレスをやっていないみなさんにも当てはまることだと思います。肉体的な部分じゃなくて、精神的な部分で。

「強さ＝美しさ」だと思うんですよ。「美しさ＝強さ」だとも思います。昔からそう思っていましたが、プロレスをやるようになって余計にそう思うようになりました。里村明衣子さんと試合したときも「美しい！」と思いましたし、リング上でそれを感じることはすごくありますね。強さって、美しさなんだって。

美しさとは、顔や体の造形のことではありません。なにか迷ったときに、「自分にとってどっちが美しいかな？」という判断だったら、そんなに悩むことも迷うこともないと思うんです。その選択肢で決定すれば、そんなにしんどくない。「気高くあること」にも繋がっているし、その選択肢をビシッと選べた自分は強いんですよ。

プロレスを知っている人生と知らない人生だったら、プロレスを知っている人生のほうが鮮やかじゃないかなと思います。知ってみて「必要ないわ」と思ったら選ばなくていいので、まずは知ってみてほしいです。

少なくともわたしはプロレスを知って、モノクロだった人生がデジタル放送になりました。カラーじゃない。デジタル放送です。鮮明になりました。地デジです。いまは生きていて、ピントが合っていますね。

CHAPTER 5

引退　そして、これからの未来

おわりに

わたしの名前は、赤井沙希。11月にプロレスラーを引退します。

この本を出しませんかという声をいただいた時、プロレスラーとして歩んだ10年間も含め、自分のこれまでの半生をファンの皆さんに知っていただくことが恩返しになると思い、出版させていただくことになりました。

この本の執筆にあたり、ご協力をいただいた尾崎ムギ子さんをはじめ、出版に関わった全ての人々に感謝の意を表したいと思います。

わたしのプロレスラーとしての10年間を支えてくれたのはＤＤＴの選手やスタッフのみんな、さらに家族ですが、何よりファンの皆さんがいなければ、わたしはここまでの道のりを歩むことはできなかったでしょう。

約10年前、「なんてメチャクチャで愛しい団体なんだろう」と客席から夢中になって見ていたＤＤＴのリングに、ひょんなことから高木三四郎社長に声をかけてもらって、親に大反対されて悩みに悩んで両国国技館でデビューしたことが、ついこの間のことのように感じられます。

もっともっとＤＤＴを知ってもらいたい。この思いを胸にＤＤＴの歯車の一部になれることを誇りに、この10年間、一度も止まることなく走り続けてまいりました。未熟なわたしには足りないものがたくさんありましたが、ファンの皆さんからの温かい声援を強さや自信に変えて、リングに立ち続けてきましたが、10周年という節目の年にケジメを付けることで、「強く・気高く・美しく」がモットーのプロレスラー像がやっと完成されるのかなと思います。

「枯れて朽ちていく花ではなく、美しいまま散る花でいたい」

これこそが赤井沙希のプロレス道の最終地点です。ファンの皆さんの思い出の中に赤井沙希が美しく存在し続けられることが自分にとって一番の理想です。寂しさや悲しさがないと言えばウソになりますが、これも私にとってのファンの皆さんに対する一つの愛の形です。

本当に私は未熟で、すごく弱いです。でも、プロレス界に入って、ビックリしました。ファンの皆さんは、リングに立っている私たちと同じように闘ってくれて、一緒に喜んでくれて、泣いてくれて、一緒に悔しがってくれました。それが東京であろうと、地方であろうと、世界であろうと変わりません。

時にはひどいことも言ってくるプロレスファンの方もいました。だけど痛いところをつかれると自分のプロレスの世界観を守ろうと必死になる不器用さもあり、そういうところも今となっては愛おしく感じます。

客席とリングという場所の違いはありますが、みんな同じチームです。ファンの皆さんがいなかったら、今の私は存在しません。赤井沙希のプロレスラーとしての価値や評価はファンの皆さんのおかげで得られたのだと思います。

わたしは本当にプロレスラーになってよかったと心から思います。

ファンの皆さま、私を立派なプロレスラーにしてくださってありがとうございました。感謝を込めて最後にこの言葉を贈って結びにしたいと思います。

大好きです！

2023年11月　赤井沙希

SAKI AKAI HISTORY 2011–2023

2011

4月23日
毎日放送（MBS）で「イケメン MEETS 女子プロレス」をキャッチコピーとしたドラマ「マッスルガール」放送開始。赤井沙希は白鳥プロレスのヒールレスラー「向日葵」として出演。

6月1日
「マッスルガール」ドラマ内でタッグを組む志田光と「薫と向日葵 from マッスルガール！」として「マッスルガール RAP」で歌手デビュー。

2012

4月7日
ラジオ日本「ラジオ新日本プロレス」に清野茂樹アナウンサーと共にパーソナリティとして参加

2013

8月17日
DDT・両国国技館「DDT万博～プロレスの進歩と調和～」
ケニー・オメガと竹下幸之介のシングルマッチがファッションブランドの「DRESS CAMP」とのコラボマッチとしておこなわれ、試合前にゲストモデルとして出演。花道を堂々闊歩した。

8月18日

DDT・両国国技館「両国ピーターパン2013～プロレスの傾向と対策～」
マサ高梨&チェリー&赤井沙希 vs 福田洋&世Ⅳ虎&志田光戦で正式プロレスデビュー、試合は11分53秒、タカタニックで高梨が福田から勝利。

2014

1月26日

DDT・後楽園ホール「Sweet Dreams！2014」
大石真翔&赤井沙希 vs 世Ⅳ虎&大鷲透。世Ⅳ虎のダイビング・セントーンで3カウントを奪われ初黒星。

2月23日

DDT・後楽園ホール「Into The Fight 2014」
初のバトルロイヤルとしてアイアンマン時間差バトルロイヤルに出場。

4月5日

東京女子プロレス・ラゾーナ川崎プラザソル「川崎初進撃！」
初のDDT以外の団体参戦は初のシングルマッチとして坂崎ユカと対戦。シングル初勝利を挙げる。

4月12日

DDT・春日部ふれあいキューブ「DDTプロレスさいたまスーパーアリーナへの道2」
さくらえみとシングルマッチ。シングル初黒星を喫する。

8月17日

DDT・両国国技館「両国ピーターパン2014～人生変えちゃう夏かもね！～」
大石真翔&レディビアード&赤井沙希 vs アジャコング&アントーニオ本多&福田洋。この試合よりコスチュームを一新。

10月1日

DDT・新宿FACE「ドラマティック総選挙2014結果発表大会」

DDT ドラマティック総選挙2014、個人部門で303票を集め6位に入る。リング上挨拶では号泣。「みんなが自慢できるような選手になって、もっとカッコいい試合をします」と決意表明。

11月3日

東京女子プロレス・横浜ラジアントホール「横浜初進撃～強気で行こうぜ!～」

赤井沙希 vs 中島翔子。ミドルキック、ローキックを繰り出し、サッキーカッターで叩き付けて中島の顔面を蹴りフォール勝ち。

11月19日

DDT・大船渡市民体育館「プロレスキャノンボール2014 in 大船渡」

この大会は映画「プロレスキャノンボール2014」の流れで、東日本大震災からの復興支援を目的に行われた。坂口征夫&赤井沙希 vs KUDO&里村明衣子。里村のスリーパーホールドでレフェリーストップにて敗北。

12月8日

東京スポーツ新聞社制定「プロレス大賞」で女子初の新人賞に選出される。

12月13日

DDT・春日部ふれあいキューブ「DDTプロレスさいたまスーパーアリーナへの道8」

休業カウントダウン中の中澤マイケルと組み、高木三四郎&大鷲透組と対戦。マイケルがスタッフから集めたパンツで作った「元気玉」を嫌々渡されるもマイケルに誤爆し、敗北。

12月23日

スターダム・後楽園ホール「STARDOM YEAREND CLIMAX 2014」

DDT系列外では初参戦となるスターダム後楽園大会で世Ⅳ虎の赤いベルトに挑戦。初めて顔面パンチも見舞ってダウンさせるも、ダイビング・セントーンで敗北。

2015

1月3日

DDT・後楽園ホール「新春お年玉スペシャル！全席2000円興行!!2015」

マサ高梨＆DJニラ＆赤井沙希 vs アントーニオ本多＆高尾蒼馬＆ヨシヒコ。アイアンマンヘビーメタル級王座を所持していたヨシヒコから勝利して第1011代王者となる。自身初のベルト戴冠となるが、直後にアジャコングの襲撃に遭い戴冠1分足らずで王者陥落。

2月15日

DDT・さいたまスーパーアリーナコミュニティアリーナ「さいたまスーパーDDT 2015」

アイアンマンバトルロイヤルで最後の一人に残ったものの、アジャコングにバックドロップからの垂直落下式ブレーンバスターで敗北、タイトル奪冠ならず。

3月21日

DDT・春日部ふれあいキューブ「さいたまースラムスペシャル！2015〜テレ玉放送一周年記念大会〜」

アジャコングと初のシングルマッチ。垂直落下式ブレーンバスターで敗北。

3月22日

東京女子プロレス・王子BASEMENT MON☆STER「The Girls Battle 2015 Round・3」

沙希様＆清水愛 vs 山下実優＆KANNA。清水愛とのユニット「美威獅鬼軍」本格開始。KANNAを下し初陣を勝利で飾る。

4月15日

DDT・伊豆ぐらんぱる公園「伊豆ぐらんぱる公園路上プロレス」

初の路上プロレス。

男色ディーノ&赤井沙希 vs 高木三四郎&葛西純 vs 飯伏幸太&佐々木大輔 vs 伊橋剛太&宮武俊。赤井が佐々木にメイクを台無しにされ激怒する場面も。

8月23日 **DDT・両国国技館「両国ピーターパン2015〜DDTより愛をこめて〜」**
天龍源一郎&高木三四郎&赤井沙希 vs 石川修司&樋口和貞&里村明衣子。純白の新コスチュームを着用。

9月20日 **DDT・クリエート浜松「出世大名ドラマティっくん2015」**
体調不良の飯伏幸太に代わり急遽参戦。アントーニオ本多&赤井沙希 vs 松永智充&岩崎孝樹。

10月7日 **DDT・後楽園ホール「DDTドラマティック総選挙2015結果発表大会」**
赤井は個人部門で269票を集め11位に入る。

10月12日 **東京女子プロレス・北沢タウンホール「Go up highest!」**
メインイベントで「さよなら、美威獅鬼軍」沙希様&清水愛&KANNA vs 山下実優&坂崎ユカ&辰巳リカ。KANNAがベルサイユの槍で辰巳に勝利。試合後、沙希様は東京女子プロレス撤退を宣言。美威獅鬼軍も解散。大会終了直後、スケバンレスラー「赤宮サキ」の参戦が発表。

10月24日 **東京女子プロレス・王子BasementMonster「The Girls Battle 2015 Round・9」**
赤宮サキ初登場。ロングスカートのセーラー服というスケバンルックにヨーヨー、鉄仮面という姿で登場。ハイパーミサヲを一度秒殺するも再試合。二段蹴り式顔面キックで再びミサヲに勝利。

3月21日
DDT・両国国技館「Judgement2016〜DDT旗揚げ19周年記念大会〜」
赤井沙希&大石真翔&レディビアード vs LiLiCo&梅田公太&渡瀬瑞基。

3月31日
DDTドラマティックアワードにてベスト女子レスラーを受賞。

4月2日
東京女子プロレス・春日部ふれあいキューブ「ホップ!ステップ! カスカベ、ジャンプ!!」
赤宮サキ卒業マッチ。ポイズンミウラwithポイズン澤田JULIEと対戦。二段蹴り式顔面キックで勝利。清水愛の東女卒業タッグマッチ後に沙希様がサプライズ登場。美威獅鬼軍(沙希様&清水愛&KANNA) vs 山下実優&坂崎ユカの6人タッグマッチが急遽おこなわれ、勝利。

5月14日
DDT・京都KBSホール「Road to Ryogoku 2016 in Kyoto〜ドラマティック・ドリーム・渡月橋〜」
赤井沙希初の地元凱旋。メインで坂口征夫、マサ高梨と組みアントーニオ本多&竹下幸之介&チェリーと対戦。赤井が新人賞でチェリーをフォール。「京都のみんなと、酒盛りだぁ!」で大会を締める。

8月28日
DDT・両国国技館「両国ピーターパン2016〜世界でいちばん熱い夏〜」
アイアンマンヘビーメタル級選手権時間差入場バトルロイヤルに参戦。葛西純にオーバー・ザ・トップロープで敗北。

9月29日

DDT・新宿バルト9・シアター9「DDTドラマティック総選挙2016開票イベント」

個人部門で9位にランクイン。スピーチにてプロレスラーとして正式にDDTへの所属を高木三四郎に直訴。高木もこれを快諾し、晴れてDDT正式所属となる。

10月23日

DDT・後楽園ホール「DDT Special 2016」

赤井沙希 vs チェリーのシングルマッチ。チェリートーンボムで敗北。しかし、次期EXTREME級挑戦者を決めるじゃんけん大会で優勝。11月23日後楽園大会のDDT EXTREME級王座への挑戦権を獲得。

11月23日

DDT・後楽園ホール「God Bless DDT 2016」

DDT EXTREME級選手権試合。第37代王者の男色ディーノが赤井沙希を相手に3度目の防衛戦。ルールは通常のプロレスルールに加え、泣いたら負けになる「no woman no cryルール」。男色ドライバーで敗北。

12月4日

DDT・エディオンアリーナ大阪第一競技場「大阪オクトパス2016～浪花節だよプロレスは～」

アジャコング& LiLiCo vs 赤井沙希&レディビアードのタッグマッチ。アジャによる赤井への垂直落下式ブレーンバスターで敗北。

2017

1月4日

東京女子プロレス・後楽園ホール「東京女子プロレス'17」

「甘い罠に気をつけろ～沙希様パリ凱旋試合～」として沙希様が来日。メイドのマーサを紹介し、「SIN美威獅鬼軍」の始動を宣言。山下実優にアカデミー賞で勝利し、継続参戦を宣言。

3月20日

DDT・さいたまスーパーアリーナ・メインアリーナ「Judgement2017～ DDT旗揚げ20周年記念大会～」

「スーパー女子プロ大戦2017」里村明衣子&赤井沙希&中島翔子vsアジャコング&チェリー&山下実優。赤井がアジャにハイキックを叩き込むと里村が山下にデスバレーボムを決めて勝利。

6月4日

東京女子プロレス・新宿FACE「この際、新宿で盛り上がっちゃお!」

SIN美威獅鬼軍がどらごんぼんば～ずとのユニット解散マッチに敗北。主治医のドクター林により沙希様が「大勢の人前では言いにくい病気」により先が短いことが判明。急遽帰仏となる。

7月15日

東京女子プロレス・横浜ラジアントホール「第4回東京プリンセスカップ 2nd Round」

オープニングに沙希様とマーサが登場、NEO美威獅鬼軍の結成を宣言。また、沙希様の助っ人として新たな主治医である闇医者のユキオ・サンローランが登場。

7月16日

DDT・エディオンアリーナ大阪第二競技場「ドラマティック・ドリームズ! Vol・4～是非もなし～」

時間差入場バトルロイヤルで優勝し、一日GM権を獲得した。

8月20日

DDT・両国国技館「両国ピーターパン2017～ピーターパン 二十歳になっても ピーターパン～」

初代KO-D10人タッグ王座決定戦、大鷲透&平田一喜&ジョーイ・ライアン&赤井沙希&ヨシヒコ vs 大石真翔& LiLiCo &レディビアード&スーパー・ササダンゴ・マシン&大家健。

2018

9月27日

DDT・新宿バルト9・シアター9「DDTドラマティック総選挙2017開票イベント」

個人部門で9位にランクイン。「この思いを背負ってまたイチから頑張ります!」とコメント。

12月21日

DDT・株式会社サイバーエージェント本社内「DDT vs サイバーエージェント路上プロレス男色死亡遊戯」

才木玲佳&竜剛馬 vs 赤井沙希&山下実優の学力テストは400対0で敗北。

12月30日

DDT・後楽園ホール「DAMNATION不法集会vol・2」

コスチュームチェンジバトルロイヤルで大家健のコスチュームで登場。

1月3日

DDT・後楽園ホール「新春お年玉スペシャル!2018」

坂口征夫と赤井沙希が出演している映画「LADY NINJA 青い影」のインフォマーシャルマッチ。KUDO&坂口征夫&赤井沙希 with 葉加瀬マイ vs 大鷲透&平田一喜&ベーダ・スコット。赤井と葉加瀬によるダブルのビッグブーツからKUDOの蹴り、最後は坂口のPKで勝利。

2月3日

東京女子プロレス・練馬Coconeriホール「行こう!行くべ!行けば!行く時!迷うなら練馬に行くだけさ!」

沙希様&アズサ・クリスティが中島翔子&坂崎ユカ(みらクりあんず)の持つプリンセスタッグ王座に挑戦して勝利。第2代王者組に。

3月3日

東京女子プロレス・成城ホール「行こう!行くべ!行けば!行く時!迷うなら成城に行くだけさ!」

プリンセスタッグ選手権試合。沙希様&アズサ・クリスティが優宇&のどかおねえさん（BRAVE☆MATES）に勝利して初防衛。

3月14日

DDT・新宿FACE「DDT Collection」

赤井沙希プロデュース興行。NEO美威獅鬼軍 vs スペシャルT2ひー女子全面対抗戦で沙希様&アズサ・クリスティ&マーサwith ユキオ・サンローラン vs マーガレット☆オオワシ&平田一子&樋口和子。沙希様がアカデミー賞で一子をフォール。

3月21日

東京女子プロレス・板橋グリーンホール「行こう！行くべ！行けば！行く時！迷うなら板橋に行くだけさ！」

プリンセスタッグ選手権試合。沙希様&アズサ・クリスティが山下実優&小橋マリカに勝利し2度目の防衛。

5月3日

東京女子プロレス・後楽園ホール「YES！WONDERLAND 2018～自分をブチ破れ！～」

プリンセスタッグ選手権試合。沙希様&アズサ・クリスティが才木玲佳&小橋マリカ（マッスルJK）の挑戦を受けるが、小橋のドロップキックでアズサがフォール負けを喫し、王座陥落。

7月31日

DDT・新宿FACE「闘うビアガーデン2018～KING OF DDT 2018 1st ROUND～」

負傷欠場の下村大樹の代打としてKING OF DDTにエントリー。トーナメント一回戦で高梨将弘と対戦し、十字架固めで敗北。

2019

10月21日
DDT・両国国技館「両国ピーターパン2018～秋のプロレス文化祭～」
「スーパー女子プロ大戦2018」と銘打ち、伊藤麻希と組んで里村明衣子&カサンドラ宮城と対戦。

10月30日
DDT・新木場1st RING「DDTドラマティック総選挙2018開票イベント」
個人部門で14位にランクイン。

2月13日
赤井沙希新技公開練習会見。舞台『Fate／Grand Order THE STAGE -絶対魔獣戦線バビロニア』でアステカの神であるケツァル・コアトルを演じ、劇中で使用した変形逆打ちをプロレス技にアレンジ。技の名前を役名のケツァル・コアトルと命名する。

2月17日
DDT・両国国技館「Judgement2019～DDT旗揚げ22周年記念大会～」
13人参加のアイアンマンヘビーメタル級選手権時間差バトルロイヤルに参戦。平田一喜をケツァル・コアトルで下して勝利。第1350代王者となる。

4月5日
DDT・アメリカ・ニューヨーク州クイーンズ・ラ・ブーム「DDT is COMING TO AMERICA」
前説で大石真翔の奇襲を受けてアイアンマンヘビーメタル級王座を失い、その後の同王座を懸けた時間差入場バトルロイヤルでも失格に終わったが、試合終了時点で王者になっていた平田一喜にケツァル・コアトルを決めて王座を取り戻す。しかし、大会終わりに大石に襲われ、首固めで丸め込まれて、またもタイトルを手放した。

5月11日

DDT・西新潟市民会館（小針青山公民館）「Road to Peter Pan 2019〜ドラマティック・ドリーム・タレカツ丼〜」

里村明衣子&橋本千紘& DASH・チサコ vs 赤井沙希&朱崇花&志田光のKO－D6人タッグ選手権試合。里村のデスバレーボムで敗北。

6月8日

東京女子プロレス・新木場1stRing「東京プリンセスカップ」

沙希様&操が坂崎ユカ&瑞希（マジカルシュガーラビッツ）の持つプリンセスタッグ王座に挑戦して勝利。第5代王者組に。

7月13日

東京女子プロレス・日本ガイシスポーツプラザ「RAINBOW PINK IN NAGOYA」

プリンセスタッグ選手権試合。沙希様&操が天満のどか&愛野ユキ（爆れつシスターズ）に勝利し初防衛。

7月15日

DDT・大田区総合体育館「Wrestle Peter Pan 2019」

「スーパー女子プロ大戦2019」と銘打たれた世志琥 vs 赤井沙希のシングルマッチは世志琥のダイビング・セントーンで敗北。

8月25日

DDT・後楽園ホール「夏休みの思い出2019」

赤井の遠縁・婆鬼（サキ）がDDT後楽園大会で初登場。シュー・ヤンと怪奇派タッグを結成し、朱崇花&真琴組と対戦。嚙みつき、毒霧を駆使した結果反則負け。試合後もリング上でセコンドに嚙みつき大暴れ、会場を騒然とさせる。

11月3日
DDT・両国国技館「Ultimate Party 2019〜DDTグループ大集合!〜」
プリンセスタッグ選手権試合。沙希様&操が辰巳リカ&渡辺未詩（白昼夢）の挑戦を受けるが、辰巳のミサイルヒップで操がフォール負けを喫し、王座陥落。

11月24日
DDT・後楽園ホール「God Bless DDT 2019」
「赤井沙希〝おきばりやす〟七番勝負」がスタート。初戦の相手は藤本つかさ。ジャパニーズ・オーシャン・サイクロン・スープレックス・ホールドで敗北。

12月28日
DDT・後楽園ホール「D王 GRAND PRIX 2020 the FINAL!!」
赤井沙希〝おきばりやす〟七番勝負第2戦。赤井の入場後、再び赤井の入場曲がヒット。すると赤井のコスチュームに身を包んだ旧姓・広田さくらが入場。〝旧姓・赤井沙希〟とコールをされる。赤井がボ・ラギノール、さらに新人賞を叩きこんで勝利。

2020

1月3日
DDT・後楽園ホール「新春お年玉スペシャル!全席2000円興行!! 2020」
アイアンマンヘビーメタル級選手権時間差入場バトルロイヤルを勝ち抜き第1461代王者となる。同日、坂口征夫、樋口和貞と共に1月26日から新ユニットを結成することを発表する。

1月12日
DDT・大阪市すみのえ舞昆ホール「レッスル塩昆布!2020」
赤井沙希〝おきばりやす〟七番勝負第3戦。相手は山下りな。ラリアットからスプラッシュマウンテンで敗北。同時に赤井がアイアンマンヘビーメタル級王座を失った。

1月26日
DDT・後楽園ホール「Sweet Dreams!2020」

坂口征夫、樋口和貞との新ユニット「Eruption」が始動。竹下幸之介&彰人&勝俣瞬馬と対戦し、樋口のドクターボムで初陣を勝利で飾る。赤井は「DDTで今までになかったものを作り上げて、自分が楽しいと思えるDDTをさらに3人で築けていければ」とコメント。

2月24日

DDT・名古屋市東スポーツセンター「ドラマティックええじゃないか2020」

赤井沙希〝おきばりやす〟七番勝負第4戦。浪速のロッキー二世 vs 人間魚雷二世と銘打ってミランダ・ゴディーと対戦。ハイキックをぶち込むとミランダの巨体をケツァル・コアトルで丸め込んで勝利。七番勝負を2勝2敗とした。

4月4日

DDT・DDT TV SHOWスタジオ「DDT UNIVERSE LIVE! April fool 2020」

赤井沙希〝おきばりやす〟七番勝負第5戦の相手は朱里。赤井の奮闘空しく朱雀でギブアップ負け。

5月16日

DDT・DDT TV SHOWスタジオ「DDT TV SHOW!#3」

赤井沙希〝おきばりやす〟七番勝負第6戦は安納サオリ。安納がドラゴン・スープレックスを狙うが、耐えた赤井がハイキックから新人賞。カウント2。赤井が引き起こしケツァル・コアトルを決め、勝利。七番勝負を3勝3敗とした。

6月20日

DDT・新宿FACE「DDT TV SHOW!#7」

Eruptionで#DAMNHEARTS(遠藤哲哉&T-Hawk&エル・リンダマン)の持つKO-D6人タッグ王座に挑戦。樋口が轟天でエル・リンダマンを降し第41代王者組となる。試合後に「赤井沙希〝おきばりやす〟七番勝負」第7戦目の相手が里村明衣子であること、そしてDDT史上初の女子同士によるメインイベントで行われることが発表される。

7月3日

DDT・新宿FACE「DDTで逢いましょう2020」
赤井沙希〝おきばりやす〟七番勝負最終戦。相手は里村明衣子。里村がデスバレーボムを決めるが、カウント2で赤井は返す。会場は大歓声。しかし里村にスコーピオ・ライジングを決められ敗北。赤井沙希〝おきばりやす〟七番勝負は3勝4敗で終了。里村に玉砕も「私もっと強くなります！」と新たな決意。

7月23日

DDT・後楽園ホール「Summer Vacation 2020」
樋口和貞&坂口征夫&赤井沙希 vs HARASHIMA&アントーニオ本多&里歩のKO−D6人タッグ選手権試合。坂口が腕極め三角絞めで勝利。第41代王者組が初防衛に成功。

9月7日

DDT・後楽園ホール「Get Alive 2020」
樋口和貞&坂口征夫&赤井沙希 vs 男色ディーノ&立花誠吾&世志琥のKO−D6人タッグ選手権試合。世志琥と赤井がバチバチにやりあう。坂口がスリーパーから掟破りのゲイ道クラッチで勝利。第41代王者組が2度目の防衛に成功。

10月25日

DDT・後楽園ホール「Road to Ultimate Party 2020」
樋口和貞&坂口征夫&赤井沙希 vs 上野勇希&吉村直巳&平田一喜のKO−D6人タッグ選手権試合。坂口が上野を胴絞めスリーパーホールドでレフェリーストップ勝ち。第41代王者組が3度目の防衛に成功。

11月14日

DDT・DDT TV SHOWスタジオ「DDT TV SHOW!#12」

12月3日

樋口和貞&坂口征夫&赤井沙希 vs 彰人&平田一喜&翔太のKO－D6人タッグ選手権試合。翔太の雁之助クラッチで赤井がフォール負けを喫し、王座陥落。

AbemaTV『ヒロミ・指原の恋のお世話始めました』で相席スタート山添と共演し、過去に交際していたことをカメラの前で告白。

2021

2月14日

DDT・カルッツかわさき「KAWASAKI STRONG 2021」

赤井沙希&雪妃真矢 vs 安納サオリ&松本都の「スーパー女子プロ大戦～咲乱華～」。赤井が新人賞で都に勝利。

2月28日

DDT・後楽園ホール「Into The Fight 2021」

アイアンマンヘビーメタル級選手権試合～6WAYマッチに参戦。赤井沙希写真集「Lip Hip Shake」が王者ヤングバックス自伝「キリング・ザ・ビジネス」から3カウントを奪い第1499代王者となる。

4月17日

東京女子プロレス・後楽園ホール「Still Incomplete」

沙希様&メイ・サン＝ミッシェルが天満のどか&愛野ユキ（爆れつシスターズ）の持つプリンセスタッグ王座に挑戦して勝利。第8代王者組に。

5月4日

東京女子プロレス・後楽園ホール「YES! WONDERLAND 2021～僕らはまだ夢の途中～」

プリンセスタッグ選手権試合。沙希様&メイ・サン＝ミッシェルが舞海魅星&鈴芽（BeeStar）に勝利し初防衛。

5月4日
DDT・後楽園ホール「MAX BUMP 2021」
クリス・ブルックス vs 赤井沙希のDDT EXTREME級&アイアンマンヘビーメタル級両選手権試合。クリスのプレイングマンティスボムで敗北したが、死力を尽くした両者は健闘を称え合った。

6月17日
東京女子プロレス・後楽園ホール「Additional attack」
プリンセスタッグ選手権試合。沙希様&メイ・サン=ミッシェルが山下実優&伊藤麻希（121000000）に勝利し2度目の防衛。プリンセス・オブ・プリンセス王者の山下から直接勝利した沙希様は、同王座への挑戦を要求。

6月26日
東京女子プロレス・両国KFCホール「Stand proud」
プリンセス・オブ・プリンセス選手権。王者、山下実優に沙希様が挑戦。山下実優のクラッシュ・ラビットヒートにより敗北。

8月21日
DDT・富士通スタジアム川崎「WRESTLE PETER PAN 2021」
遠藤哲哉&高尾蒼馬&火野裕士の持つKO－D6人タッグ王座に樋口和貞、坂口征夫とともに挑戦。火野のチョップを受けまくり、最後は火野のFucking BOMBに沈む。しかし火野は「赤井沙希、オマエはホンモノのプロレスラーやな」と、性別の垣根を越えて赤井を認める発言。

10月9日
東京女子プロレス・大田区総合体育館「Wrestle PRINECESS Ⅱ」
沙希様&メイ・サン=ミッシェル組がTOKYOプリンセスタッグ王座防衛戦で瑞希&坂崎ユカ（マジカルシュガーラビッツ）に敗北し、王座陥落。

2022

3月19日

東京女子プロレス・両国国技館「GRAND PRINCESS '22」
沙希様&マーサ&ユキオ・サンローラン&メイ・サン＝ミッシェル vs 小橋マリカ&らく&原宿ぽむ&ラム会長。入場の際には清水愛、KANNA、アズサ・クリスティ、操、世志琥様も加わった。試合は沙希様が小橋にアカデミー賞で勝利。

3月20日

DDT・両国国技館「Judgement2022～DDT旗揚げ25周年記念大会～」
赤井沙希 vs 雪妃真矢のスペシャルシングルマッチ。赤井がハイキック、ビッグブーツを見舞い、ケツァル・コアトルをズバリと決めて勝利。

4月9日

東京女子プロレス・後楽園ホール「Still Incomplete '22」
荒井優希とのタッグ「令和のAA砲」を初結成。辰巳リカ&桐生真弥と対戦し、荒井がFinallyで桐生から勝利。

7月9日

東京女子プロレス・大田区総合体育館「SUMMER SUN PRINCESS '22」
荒井優希との「令和のAA砲」で坂崎ユカ&瑞希の持つプリンセスタッグ王座に挑戦。ダブル新人賞で瑞希を降し勝利。第10代王者組に。

9月4日

東京女子プロレス・名古屋国際会議場イベントホール「TJPW CITY CIRCUIT ～名古屋公演～」
プリンセスタッグ選手権試合。上福ゆき&桐生真弥（東洋盟友）に勝利し初防衛。

9月4日

DDT・名古屋国際会議場イベントホール「DRAMATIC EXPLOSION 2022」
佐々木大輔&MJポー&KANON vs 坂口征夫&赤井沙希&岡谷英樹のKO-D6人タッグ選手権試合。岡谷がKANONのスリーピー・ホロウで敗北。

10月9日

東京女子プロレス・TOKYO DOME CITY HALL「WRESTLE PRINCESS Ⅲ」
プリンセスタッグ選手権試合。リア・オライリー&ナイトシェイドに勝利し2度目の防衛。

11月27日

東京女子プロレス・後楽園ホール「ALL RISE'22」
プリンセスタッグ選手権試合。愛野ユキ&原宿ぽむに勝利し3度目の防衛。

2023

1月4日

東京女子プロレス後楽園ホール「東京女子プロレス'23」
プリンセスタッグ選手権試合。マックス・ジ・インペイラー&ハイディ・ハウイツァ（WASTELAND WAR PARTY）の挑戦を受けるが、合体技マスターブラスターで荒井がフォール負けを喫し、王座陥落。

2月12日

明治記念館での記者会見で11月12日の東京・両国国技館大会をもって引退することを発表。「私は枯れて朽ちていく花ではなく、美しいまま散る花でいたい」とコメント。

3月21日

DDT・後楽園ホール「Judgement2023～後楽園史上最長5時間スペシャル～」
「デビュー10周年記念試合vol・1」として高梨将弘と対戦。目まぐるしい切り返し合戦からのケツァル・コアトルで逆転勝利。

7月23日
DDT・両国国技館「WRESTLE PETER PAN 2023」
樋口和貞＆中津良太＆石田有輝 vs 坂口征夫&赤井沙希＆岡谷英樹のKO－D6人タッグ選手権試合。岡谷が石田にダブルアーム・スープレックスを決めて勝利。Eruptionが第52代王者組となった。

8月13日
DDT・後楽園ホール「SAKI AKAI 10TH ANNIVERSARY TOUR IN KORAKUEN!!」
「デビュー10周年記念試合vol・2」赤井沙希&雪妃真矢＆朱崇花 vs 彩羽匠＆山下りな＆中島翔子。赤井が中島にケツァル・コアトルを決めて勝利。バックステージで赤井は「5人はプロレス界の未来を照らしてくれる偉大な選手たちだと思う。プロレス界はこれからも明るい未来が待ってます」とコメント。

8月27日
DDT・後楽園ホール「夏休みの思い出2023」
「デビュー10周年記念試合vol・3」男色ディーノとのスペシャルシングルマッチ。ディーノは鼻骨を骨折して手術を受けており、フェイスガードを着用して登場。赤井は顔面蹴りを躊躇するも、ディーノによる熱いゲキを受け、容赦なく顔面蹴り。再度顔面を狙ったところで、危険とみなしたレフェリーストップにより赤井の勝利。

8月27日
全日本プロレス・名古屋国際会議場「王道トーナメント優勝決定戦」
KO－D6人タッグ王者組のEruptionと全日本プロレスTV認定6人タッグ王者組の大森＆ATM＆ブラックめんそーれとのダブルタイトル戦。赤井が新人賞でATMに勝利して2冠王者に。

9月9日

DDT・大田区総合体育館「DDT BIG BANG 2023」
坂口征夫&赤井沙希&岡谷英樹 vs 宮本裕向&木高イサミ&ラム会長のKO―D6人タッグ&全日本プロレスTV認定6人タッグ両選手権試合。坂口が宮本に神の右膝を決めて勝利。Eruptionが第52代KO―D6人タッグ王座3度目の防衛に成功するとともに第6代全日本プロレスTV認定6人タッグ王座2度目の防衛に成功。

9月23日

DDT・後楽園ホール「Who's Gonna TOP? 2023」
クリス・ブルックス vs 赤井沙希のKO―D無差別級選手権試合。クリスのプレイングマンティスボムを赤井が返す。ならばと、クリスが変形オクトパスストレッチで絞め上げると、危険とみなしたレフェリーストップにより敗北。

9月30日

DDT・京都KBSホール「SAKI AKAI 10TH ANNIVERSARY & FINAL COUNT DOWN IN KYOTO!!」
坂口征夫&赤井沙希& 岡谷英樹 vs HARASHIMA & 高梨将弘&駿河メイのKO―D6人タッグ試合。坂口が高梨に神の右膝を叩き込むと、赤井が必殺のケツァル・コアトルを決めて勝利。4度目の防衛に成功。

10月9日

東京女子プロレス・東京たま未来メッセ「WRESTLE PRINCESS」
沙希様&メイ・サン＝ミッシェル&マーサ&ユキオ・サン＝ローラン vs 中島翔子&鈴芽&原宿ぽむ&アントーニオ本多。沙希様がぽむをアカデミー賞で下して勝利。試合後のマイクで美威獅鬼軍の東京女子プロレスからの撤退を表明。

10月15日

DDT・サッポロ・イーワン・スタジアム「God Bless DDT 2023 TOUR in SAPPORO【DAY2】」

坂口征夫&赤井沙希&岡谷英樹 vs 高木三四郎&彰人&大石真翔のKO―D6人タッグ選手権試合。坂口が大石への神の右膝で勝利。5度目の防衛に成功した。両国大会での赤井引退にて王座返還を宣言。

10月21日

全日本プロレス・後楽園ホール「#ajpw旗揚げ記念シリーズ2023」

坂口征夫&赤井沙希&岡谷英樹 vs 諏訪魔&尾崎魔弓&雪妃魔矢の全日本プロレスTV認定6人タッグ選手権試合。第6代王者組2度目の防衛戦。諏訪魔の赤井へのラリアートからの万力スリーパーでレフェリーストップにより敗北。王座陥落となった。

10月22日

DDT・後楽園ホール「God Bless DDT 2023」

「デビュー10周年記念試合vol・4」坂口征夫&岡谷英樹 vs 赤井沙希&橋本千紘のスペシャルタッグマッチ。赤井と坂口の最初で最後の師弟対決。坂口から赤井への神の右膝により敗北。Eruption同門対決を終え、赤井が坂口&岡谷に涙のエール。

11月12日

DDT・両国国技館「Ultimate Party 2023」

赤井沙希引退試合〜強く、気高く、美しく〜

赤井沙希&坂口征夫&岡谷英樹 vs 丸藤正道&樋口和貞&山下実優。

（注）本年表には編集担当者の意向により赤井と激似ですががまったくの別人の沙希様の戦績も掲載しております。ご了承ください

強《つよ》く、気高《けだか》く、美《うつく》しく
赤井沙希《あかいさき》・自伝《じでん》

2023年11月17日　第1刷　発行

著者　赤井沙希《あかいさき》

発行人　永田和泉

発行所　株式会社イースト・プレス
〒101-0051
東京都千代田区神田神保町2-4-7
久月神田ビル
Tel. 03-5213-4700
Fax. 03-5213-4701
https://www.eastpress.co.jp

ブックデザイン　藤崎キョーコ
執筆協力　尾崎ムギ子
写真　山本マオ

印刷所　中央精版印刷株式会社

ISBN 978-4-7816-2261-3
©SAKI AKAI 2023, Printed in Japan
本書の内容の一部、あるいはすべてを無断で複写・複製・転載することは
著作権法上での例外を除き、禁じられています。

BROOKES
あの人は

美威獅鬼軍

大社長
BURNING